西洋占星術

A beginner's guide to astrology

アストロカウンセラー
まーさ

日本文芸社

はじめに

こんにちは。まーさです。

この本は、「西洋占星術を知りたい、ホロスコープを読みたい」と思っているけれど、どうにも難かしくて……そんな皆さんのために作りました。

とにかく覚えることが多すぎる！と思われている西洋占星術です。

それは確かにそう。

それは、まるでどこまでも果てしない海のようで、「どこからどこまで知ればいいの……」と呆然とし、波打ち際でちゃぷちゃぷやってみたものの、「読めている気が全くしない」と感じて、引き返す人は後を絶ちません。

本格的に西洋占星術を極めるつもりなら、知識はたくさんあるほうがいいでしょう。

しかし、現役の占いの先生たちだって、ずっと勉強を続けています。それこそ何十年も。

そもそも西洋占星術はそんなに簡単に会得できるものではないと、わかっていることが大事。先は長いんだ、先は！

だからこそ、それを踏まえて「まずは気楽に、今知っている知識の範囲で読みはじめる」ことが必要なんです。

占星術には知識はもちろん、その知識を生かす自分自身の感性、そして何より経験が重要です。

まだ知識が少ないとしても、その範囲で自分なりにやってみる。いきなり沖に出ようとしないで、波打ち際で理解できることを段々と広げていければいいんです。自分が成長すれば感じることも変わる。それが占星術の面白いところでもあるのですから。

本書では、超初級の人に向けて、基礎の基礎から丁寧に解説することを心がけました。

そして、鑑定例を細か〜く説明したドリルも用意しています。一つ一つの手順をたどりながら、ホロスコープを読み解いていく感覚を一緒に味わってみてください。

読んでくださった人に「ホロスコープを読めた！　という手ごたえ」が少しでも残るようになったら、何よりです！

一から学びはじめたい人はもちろん、一度勉強してみたけれど挫折してしまった人もぜひ、この本にトライしてみてください。

アストロカウンセラーまーさ
2024 年 6 月

Contents

第2章

10天体を知る

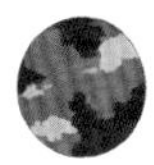

第3章

ハウスを知る

* 第4章 *

アスペクトを知る

* 第5章 *

星よみドリル

巻末資料

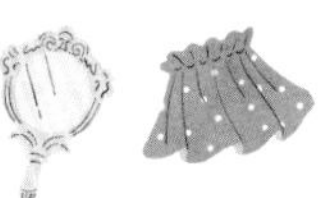

COLUMN

本書に登場する人物紹介

まーさ先生

西洋占星術を学びたいと思っている人に寄り添う西洋占星術のエキスパート。わかりやすく、かみくだいた表現で教えるのがモットー。

ほしみ

西洋占星術に最近興味を持ちはじめ、いろいろな本を読んでいるが、わからないことが多くて、まーさ先生に相談しに来た。

INTRODUCTION

西洋占星術は難しくない！

まーさ先生、私、自分のことや人との相性が知りたくて西洋占星術を勉強したいと思っていますが、覚えることが多くて大変です。なかなかホロスコープを読むというところまで、たどり着けません！

そういうほしみさんのような方のために、今回この本を作りました！　最初はそうですよね。真面目にきちんと覚えなくちゃ……と思う方ほど、挫折しがちです。でも一つ一つで大丈夫ですよ。

とにかく要素が多いですよね。私の誕生日は5月7日で、今まで雑誌やテレビの星占いでは牡牛座をチェックしていました。でも、この本では他の星座や天体についても書かれていますよね。

そうそう。ほしみさんの例でいうと、牡牛座は太陽の星座ですね。ほしみさんが生まれたときに、太陽が牡牛座の位置にあったということです。でも実際には太陽以外の天体もその時、空を運行していて、そのそれぞれがほしみさんという人に影響を与えていると西洋占星術では考えられています。ところでほしみさん、12星座はわかりますか？　順番も覚えているかな？

12星座はわかります。牡羊座からはじまって魚座までの順番もだいたい大丈夫です！

いいですね。まずは基本として12星座それぞれの性質を頭に入れ

ましょう。私たちの個性や人生は、太陽星座を中心とした複数の星座の影響を受けています。ほしみさんという人を形作っているのは、一つの星座だけではないんですよ。

なるほど！　私の中にはいろいろな星座の性質が融合しているのですね。

もう一つ、この本では**10 天体（太陽・月・水星・金星・火星・木星・土星・天王星・海王星・冥王星）も活用してホロスコープを見ます**。この 10 天体が難しいという声もよく聞きますね。

はい、さらに覚えることが増えて、また混乱しちゃいます。

10 天体の意味や読み方は、第 2 章でわかりやすく解説します。まずは 2 天体をじっくり読みましょう。**太陽と月だけでも、読み取れることは多いんですよ**。

太陽星座と月星座ということですか？

太陽星座と同じように、月の星座も 12 パターンあります。例えば人の性格を占う場合、**この 2 天体に注目するだけでも 144 のパターンが考えられます**。一人の人の性格は 144 パターンのうちの一つ、ということですね。

12 × 12 で 144 パターン。それならパーソナルな部分を知ることができそうですね。

ね、すごいでしょ。太陽と月は最低限の情報なんだけど、それだけでも、かなり絞り込まれるのがわかりますね。さらに水星や金星などもそれぞれ 12 パターンあるので、それらも組み合わせていくと、さらに細かく分類されていきます。
まずは太陽星座や月星座からはじめ、段々と性質の中のより細かい

部分に注目していくといいですね。

なるほど。はじめから10天体すべて把握しようとするから挫折するんですね。まずは太陽と月、そこから、水星や金星と一つ一つ増やしていけば……これならできそうです！

一つ一つわかるところからで大丈夫。そういえば、ホロスコープを、オーケストラに例えるとわかりやすいかもしれません。

オーケストラ？

10の天体がそれぞれ星座ごとに違う楽器を持っていて、一斉に音を奏でることで一つの曲（個性）ができる。そんなイメージです。太陽星座は中心的な役割を果たすので、いってみれば指揮者かな。各天体がどの星座に入っているかによって編成が変わってくるので、オーケストラが奏でる曲調も変わってきそうですね。ある人は重厚感のある曲を演奏するオーケストラ、またある人は、リズムのある曲を得意とするオーケストラかもしれません。

確かに、元気な指揮者なら曲調も元気になりそう。オーケストラ自体も弦楽器中心か、管楽器中心かで全然違いますよね。

例えば、右のイラストのホロスコープでは、牡牛座の指揮者の前で、蠍座の月がホルン、牡羊座の水星はトランペット、牡牛座の金星はクラリネット、牡羊座の火星はトランペット、天秤座の木星・土星はフルートを奏でています。フルート３人、トランペット２人、ホルン２人と、**とてもユニークな編成ですよね。この編成だからこそ奏でられる音楽があり、それがホロスコープの示す個性なのです。**

そうか、ホロスコープに現れる個性は、そのままその人の生まれ持った性質や特徴なのか。なんだかすごいなあ。

※各星座の楽器はまーさのイメージです

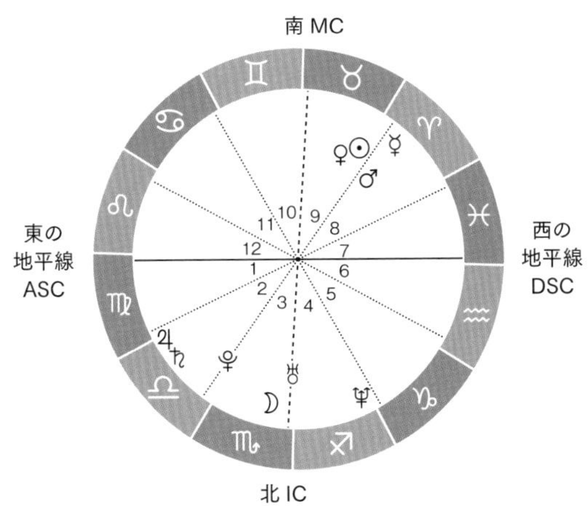

生まれ持った星によって、物事の向き・不向きや、困難の克服の仕方も違ってくるの。「私というオーケストラがどんな音楽を奏でているか」「本来どんな曲が向いているか」を知ると、自分自身を深く知れるし、適性を伸ばしたり、生きやすくなったりしますよ。

自分のことがより深くわかるようになるんですね。楽しみです！

ホロスコープとは

西洋占星術では出生の年月日、時間と場所をもとに、生まれたときに太陽系の天体がどのような配置をしていたかを図の形で算出し、その人の性質や運命的な要素を判断します。その「出生図」が「ホロスコープ」です。語源は古代ギリシャ語のホロスコポス。「時を見張る人（時の観測）」を意味します。古代ギリシャでは、天上で起こることは地上で起こる出来事と強いかかわりがあると考えられており、特に黄道（太陽の通り道）は地上にいる者に一層強い影響力があると考えられていました。この考えを背景に、長い歴史の中で実際の天体の配置と事象の因果関係を研究し、「その存在が生まれ持った要素を読み解くカギ」として体系化したのが、現代の占星術です。

占星術で主に読み解くのは、太陽系の10天体（太陽、月、水星、金星、火星、木星、土星、天王星、海王星、冥王星）ですが、天体は常に動き続けるので、すべての天体が再び同じ配置になることはないと言われます。これは各天体が異なる運行スピードを持つためで、言い換えるなら「その存在にふさわしい配置が完成したとき」、私たちはこの世に生まれ出たと言えるのかもしれません。

ホロスコープからわかること

1
基本の性格・個性・才能

基本的な性格（長所・短所）や個性、才能から、好奇心の方向性、感情のコントロールの仕方、生きる上での価値観までわかる。また、家庭環境や心身の健康状態も見て取れる。

2
仕事運・金運

向いている仕事や職業、持っている才能を生かす方法、成功の傾向、社会的な使命、人生の目標などを知ることができる。また、お金や財産に対する考え方や傾向といった金銭感覚も。

3
恋愛運・結婚運

その人の恋愛や結婚の傾向から、性的な嗜好の傾向、異性への上手なアピールの仕方、恋愛や結婚を円滑に進める方法といったことまで。後述の通り、相性の良し悪しもわかる。

4
未来の運勢

出生時のホロスコープと現在もしくは未来のホロスコープを照らし合わせることで、運勢を占える。幸運やトラブルの起きるタイミングを知り、日々を充実して過ごすヒントを得ることもできる。

5
気になる人との相性

気になる異性や友人、家族と自分のホロスコープを照らし合わせることで、相性や相手の気持ちを読み取れる。また、コミュニケーションの上手な取り方、関係維持のコツもわかる。

ホロスコープの基礎

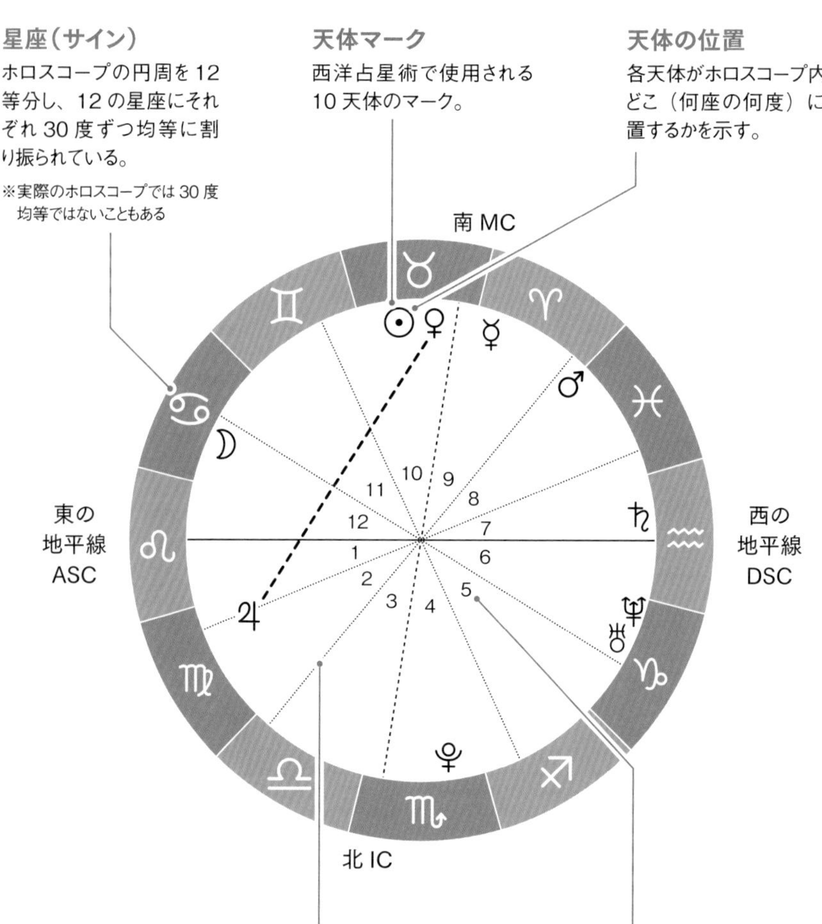

星座（サイン）
ホロスコープの円周を12等分し、12の星座にそれぞれ30度ずつ均等に割り振られている。
※実際のホロスコープでは30度均等ではないこともある
天体マーク
西洋占星術で使用される10天体のマーク。
天体の位置
各天体がホロスコープ内のどこ（何座の何度）に位置するかを示す。
南 MC
東の
地平線
ASC
西の
地平線
DSC
北 IC
10
9
11
8
12
7
1
6
2
5
3
4

アスペクト

ホロスコープ上で、複数の天体が特殊な角度に位置するとき、「アスペクトする」「アスペクトを形成する」と言い、この角度から特別な意味を読み取る。アスペクトの線は、ホロスコープ作成ソフトにより、出る / 出ないがある。

カスプ（境界線）

ハウスの境界線を表す。ホロスコープを算出する際の時間、場所、用いる算出方法によって、位置が移動する可能性がある。カスプ線上にある天体は、多くの場合、次のハウス（例：第1ハウスと第2ハウスのカスプ上なら第2ハウス）と読まれる。

ハウスナンバー

黄道（太陽の通り道）を12に分割したもので、東の地平線（アセンダント、ASC）から反時計回りに番号が振られる。それぞれのハウスには人生上の担当領域があり、そこにどの天体が入っているかでホロスコープを読み解ける。

＊ホロスコープのマーク一覧＊

・12星座のマーク・

牡羊座

牡牛座

双子座

蟹座

獅子座

乙女座

天秤座

蠍座

射手座

山羊座

水瓶座

魚座

・10天体のマーク・

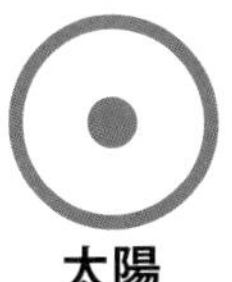
太陽

月

水星

金星

火星

木星

土星

天王星

海王星

冥王星

※一般的に2タイプの記号で示されます。
16 ページのホロスコープでは♇と示されます

あなたのホロスコープを出してみよう

それではさっそく、あなたの生年月日などからホロスコープを出してみましょう。本書では、右のホロスコープ作成 Web ページを使った方法を説明します。

ホロスコープ作成 Web ページ
「星の導きで運命をたどる旅へ」

https://sp.nihonbungeisha.co.jp/horoscope/

※利用端末や通信環境によっては、ご利用いただけない場合、別途通信料金がかかる場合があります。本サービスは予告なく変更することがあります。あらかじめご了承ください。

STEP 1 生年月日、生まれた時間、産まれた場所、名前を入力

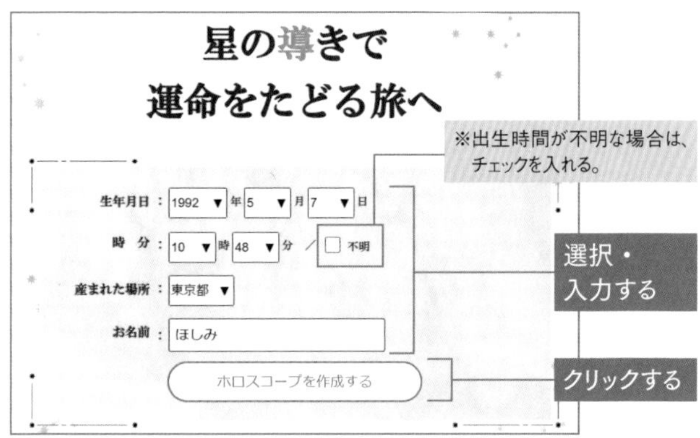

※出生時間が不明な場合

ホロスコープの精度を上げるなら出生時間はわかったほうがいいですが、わからない場合は、まず正午 12 時に設定してみましょう。他人との相性を見る場合、その人の出生時間がわからなければ、相手を正午 12 時に設定します。日によっては生まれた時間次第で、月星座が変わります。月星座ではわかりやすい特徴が出るので、ホロスコープを出してみて、どちらのほうがよりその人らしいかを考えてみるのもアリです（あくまで、大まかにその人を知るために）。また、太陽が入っているハウスを第1ハウスとして読む「ソーラーハウス」という方法もあります。例えば、牡羊座生まれなら牡羊座0～ 29 度を第1ハウスと読みます。これも特徴をつかめる読み方です。

STEP 2 ホロスコープ画面が出てくる

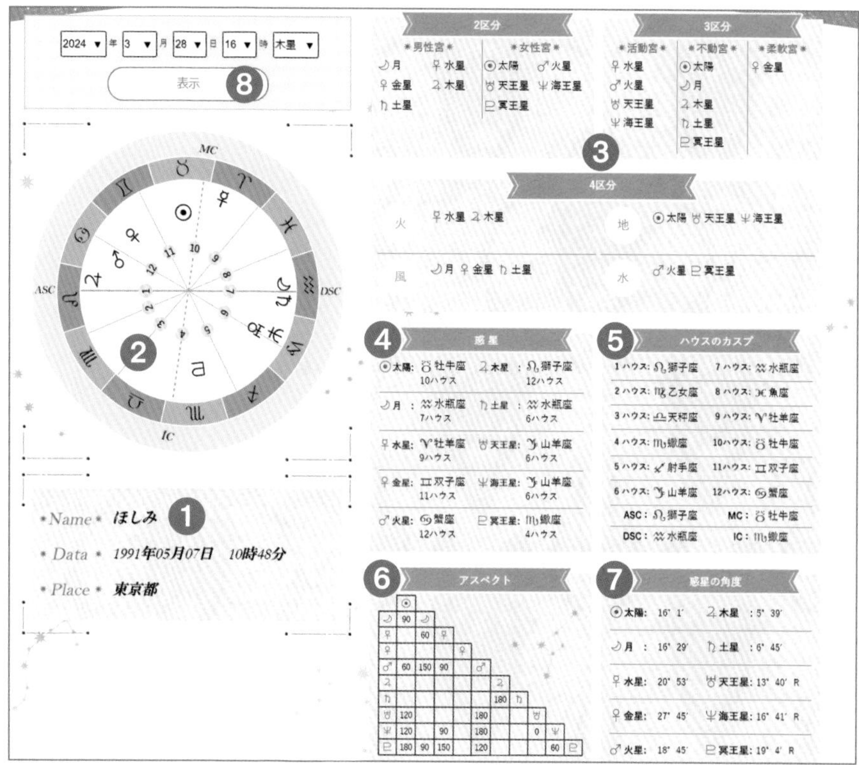

❶ あなた自身の名前、生年月日と生まれた時間、産まれた場所。

❷ あなたの出生ホロスコープ。

❸ ホロスコープ内の天体の分布（二分類、三分類、四分類）。38 ～ 39 ページで解説。
※サイト内では二区分、三区分、四区分と表記

❹ 10 天体がそれぞれどの星座、どのハウスに位置しているかを表示。第2・3章で解説。
※サイト内では惑星と表記

❺ 12 のハウスのカスプが何座にあるかを表示。

❻ 天体同士のアスペクト。第4章で解説。

❼ 10 天体が位置する角度（度数）。最後に R がついている場合は、その天体が逆行していたことを示す。

❽ 未来を読む（トランジット法）を使う時、読みたい日時を入れる（本書では扱わない）。

STEP 3

ホロスコープの内容を書き写す

例）1992 年5月7日　10 時 48 分生まれのほしみ 

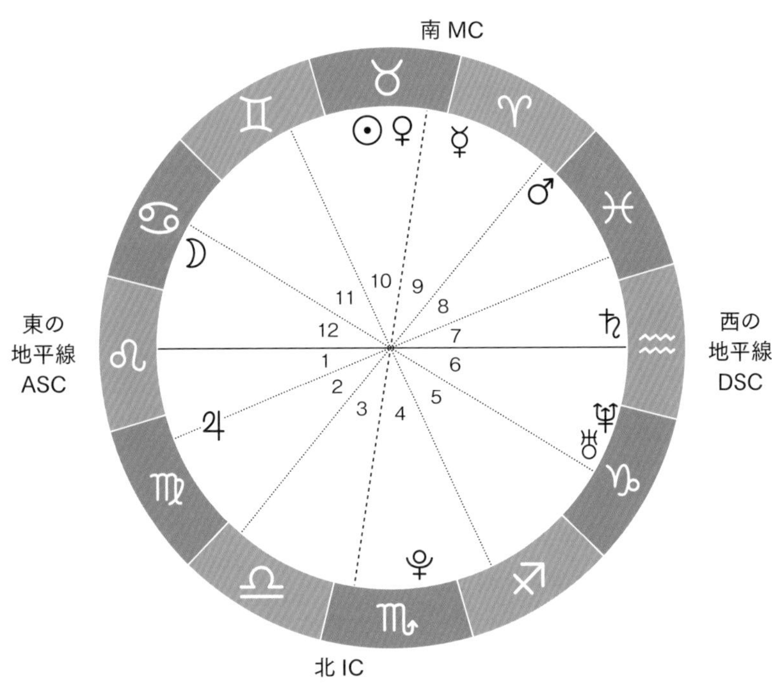

天体の位置

	天体	星座	ハウス		天体	星座	ハウス
☉	太陽	牡牛 座	10 ハウス	♃	木星	乙女 座	1 ハウス
☽	月	蟹 座	12 ハウス	♄	土星	水瓶 座	7 ハウス
☿	水星	牡羊 座	9 ハウス	♅	天王星	山羊 座	6 ハウス
♀	金星	牡牛 座	10 ハウス	♆	海王星	山羊 座	6 ハウス
♂	火星	牡羊 座	8 ハウス	♇	冥王星	蠍 座	4 ハウス

あなたのホロスコープを書き写してみよう

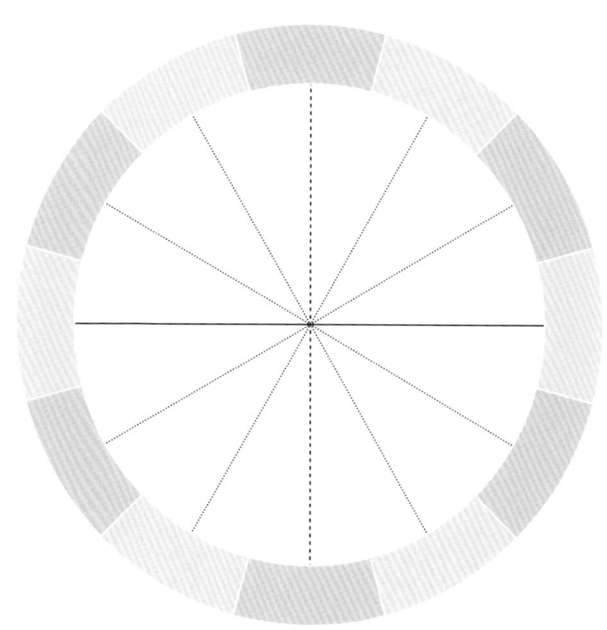

天体の位置

☉ 太陽	座	ハウス	
☽ 月	座	ハウス	
☿ 水星	座	ハウス	
♀ 金星	座	ハウス	
♂ 火星	座	ハウス	
♃ 木星	座	ハウス	
♄ 土星	座	ハウス	
♅ 天王星	座	ハウス	
♆ 海王星	座	ハウス	
♇ 冥王星	座	ハウス	

本書の使い方

STEP 1 基本を学ぶ・理解する

第1章

12星座（サイン）を知る

基本の12星座から押さえましょう。自分のホロスコープを読み解くためには、特定の星座だけではなく、12星座すべての性質をバランスよく理解できていることが重要です。

第2章

10天体を知る

太陽、月、水星、金星、火星、木星、土星、天王星、海王星、冥王星の10天体も、ホロスコープの読み解きには欠かせません。それぞれのイメージをつかむためのポイントを解説します。

第3章

ハウスを知る

ホロスコープ上で割り振られた12の部屋「ハウス」について解説。ハウスを知ると、一つの人生をテーマ別に読み解くことができます。より具体的に知りたいことをハウスを通じて探りましょう。

第4章

アスペクトを知る

2つ以上の天体の位置関係によって生まれる、特別な意味のある角度がアスペクトです。西洋占星術初心者がつまずきがちなアスペクトですが、最初に押さえるべき基本的なポイントを紹介します。

みんなが混乱しやすいポイントを、丁寧に解説しています。

STEP 2 読み解きの実践

第5章

星よみドリル

ここまで基本をマスターしたら、最後にあなた自身のホロスコープを読み解いてみましょう。まず事例を紹介してから、書き込み式で順を追って読み解きますのでご安心を。

①自分のホロスコープを読んでみよう

ホロスコープの読み解き方を紹介します。サンプルホロスコープの読み解き方を参考にページに書き込みながら、あなた自身のホロスコープを一つ一つ読みます。

②気になる人との相性を見てみよう

気になるあの人、家族や友だち、職場の人などとの相性を占います。本書では、自分と相手の天体のアスペクトを見るという方法で、読み解き方を紹介します。

③来年の運勢を読み解いてみよう

ホロスコープで未来の運勢を占うこともできます。本書では、自分の出生時の太陽と同じ位置に太陽が来る日時のホロスコープ「ソーラーリターン図」を出し、そこから1年の運勢を読み解く方法を紹介します。

西洋占星術の基本を押さえながら、つまずきやすいポイントを解決。
最後に、実践的にホロスコープを読み解くドリルページもあります。

誕生日と12星座早見表

代表的な星座の区分です。しかし、星座の境界線はその年の太陽の運行によって微妙にずれることがあるため、特に星座の境目生まれの人は、ホロスコープを作成して正確な星座を知りましょう。

誕生日	12星座
3月21日～4月19日生まれ	♈ 牡羊座
4月20日～5月20日生まれ	♉ 牡牛座
5月21日～6月21日生まれ	♊ 双子座
6月22日～7月22日生まれ	♋ 蟹座
7月23日～8月22日生まれ	♌ 獅子座
8月23日～9月22日生まれ	♍ 乙女座
9月23日～10月23日生まれ	♎ 天秤座
10月24日～11月22日生まれ	♏ 蠍座
11月23日～12月21日生まれ	♐ 射手座
12月22日～1月19日生まれ	♑ 山羊座
1月20日～2月18日生まれ	♒ 水瓶座
2月19日～3月20日生まれ	♓ 魚座

第1章

12星座（12サイン）を知る

まずは西洋占星術の基本、12 星座から学びましょう。12 星座は西洋占星術の要です。全体を読み、各星座の性質をつかみましょう。

12星座の
キャラクターをつかもう

まーさ先生、ここからはじまる第1章では、12の星座（12サイン）を学んでいくのですよね。

雑誌やテレビなどの星占いでは、自分の太陽星座しか見ないかもしれないけれど、占星術を学ぶなら、**12の太陽星座それぞれの性質（キャラクター）をバランスよく理解することが大切なんですよ。**完璧に覚えてなくてよいので、**「ああ、〇〇座は△△なところがあるな」と、性格をざっくりとイメージできるようになると、読み解きしやすくなります。**身近な人の星座を聞いて、自分の中で、星座の性質をキャラクターに置き換えてみるのもいいでしょう。

星座のキャラクター……。「元気で行動的」とか、「知的で判断力がある」とかですね。確かに人の性格のようにイメージすると、少し覚えやすいですね。

ものや出来事、状況を表現する際にも、例えば「天秤座っぽい展開」「蠍座っぽい事件」などと、12星座の性質と結びつけて考えられます。なので、人間的なイメージだけで限定して覚えてしまうと、その後、幅広い解釈がしにくくなります。でも、勉強をはじめたばかりのときなら、「こういうイメージかな？」とイメージを固める際に擬人化するのはいいと思いますよ。わかりやすい星座からはじめていいですが、必ず12星座全部やってみてくださいね。

まだよくイメージできない星座が多いから、時間がかかりそうだなあ。

誰にでも、理解しやすい星座とそうでない星座はあります。たぶんわかりやすいのは自分自身の太陽星座や親しい人の星座かな。そういう、自分にとって縁が深く、性質に共通点が多い星座は最初から理解しやすいですね。次に、「どうも気が合わない！」と思う人の星座も比較的理解しやすいと思います。「こういう人いる！」って思うんじゃないかな。反発し合うことも、一つの縁なんですよね。

へえー！　でも確かにそうかも。自分の太陽星座は雑誌などの占いでもよく見るから、何となく「こういうタイプなんだな」と理解しやすい気がします。友だちや好きな人の星座も見ますよね。だから少しは、知識があるかもしれません。

最後に「こういう人もいるんだ？　全然考え方がわからない」と思う星座が残るでしょうね。そういう星座の人とは、そもそも友だちになったり、好きになったりもしにくい面があるので、まだ人生の中で出会ったことがあまりないのでしょう。でも、そういう星座を理解すると、一気に12星座が面白くなるんですよ。

そういうものなんですか？　意外だけど面白いですね。

12星座は、それぞれ向かい合う星座同士で「対」になっていて、性質的には正反対なんです。しかし、正反対同士だからこそ、どこか似ていて惹かれ合うという組み合わせです。

つまり、ペアの星座が6組ということですね。まず一つの星座を理解したら、その向かいの星座は反対の性質と考えてみますね。

12星座の順番は意味があり、循環して輪でつながっています。一部の星座だけ詳しいという状態だと、ホロスコープは上手に読めません。12星座全体に、バランスよく知識や関心を持ちましょう。

火の玉のように強烈で純粋で俊敏
瞬時の判断で勝利を勝ち取る戦士

♈ 牡羊座

二分類▸男性星座
三分類▸活動宮
四分類▸火のエレメント

守護星	象徴する体の部位	象徴するフレーズ
火星	頭部、脳、髪、顔、目	I am「我あり」

キーワード

積極的／好戦的／純粋／勇気がある／単純／本能に従い直感的に動く／活動量が多い／喜怒哀楽が明確／挑戦の意欲／瞬発力がある／場当たり的

エネルギー

未知なる状況を切り開く、強い**①挑戦心**の象徴・牡羊座。物事の判断は極めて速く、一度これと決めたら突き進み、一気に成果を手にできる高い集中力を秘めています。情熱的でイエス・ノーにしろ、好き嫌いにしろ、非常にはっきりしていて**②迷わない**ものの、情熱を失えば全く執着しないのも特徴です。シンプルであるがゆえの**③明るさ**を持ち、周囲を奮い立たせる力は絶大。**④ピンチのときに強く**、不利な状況をしばしばひっくり返します。

重要な言葉をさらに詳しく解説すると……

①挑戦心

新しい経験を好み、みんなの先頭を走りたいタイプ。人についていくのは好みません。

②迷わない

本能（直感）で物事を判断するため、考えて決める人より決断が速い。反対に「ここはじっくり考えなければ」と思うと、牡羊座の力は弱まりがちに。

③明るさ

シンプル＝物事を複雑にしないということ。裏読みせず、過度な気遣いもしません。だから不安にもなりにくく、明るくいられるのです。

④ピンチのときに強く

好戦的＝いつでも戦う姿勢が整っているということ。「面白そうだから」と、平坦な道より崖を好んで登るタイプ。勢いがあるため単純な勝負事にも強いのです。

審美眼と腕前の信頼度は最高レベル
妥協なく我が道を行く職人気質

♉ 牡牛座

二分類 ▸ 女性星座
三分類 ▸ 不動宮
四分類 ▸ 地のエレメント

守護星
金星

象徴する体の部位
首、のど、舌、あご、声

象徴するフレーズ
I have「私は所有する」

キーワード
穏やか／内向的／美しいものを愛する／上品／鈍感／コレクター気質／丁寧さ／こだわりの強さ／執着心の強さ／我慢強さ／ゆったりした動作（どっしり感）

エネルギー

温厚で穏やか。落ち着きをたたえた上品な牡牛座。**①審美眼**が鋭く、本物を見抜く目、美しいものを愛でる心は12星座随一。五感も優れており、芸術的なセンスのよさや、特に**②味覚・触覚の鋭敏さ**は大きな特徴です。性質はマイペースで慎重。新しいことや**③変化には弱い**ものの、いったん受け入れたことにはとことん向き合う誠実さ、粘り強さを発揮します。手先が器用で丁寧に作業するため、ジャンルを問わず美しいものを生み出す才能もあります。

重要な言葉をさらに詳しく解説すると……

①審美眼

牡牛座の持ち味は「愛でる力」。自分がいいと思ったものには自信があるし、それを大事にし、育てる能力もあります。大事であるからこそ、それに対するこだわりも強いのです。

②味覚・触覚の鋭敏さ

「快感」を重要視する、ある意味、非常に欲の強い性質。自分を喜ばせてくれるものに弱く、その分、「本物」を見抜く目が肥えています。

③変化には弱い

「気に入ると基本的に飽きないので、変化の必要を感じない」「そもそも変化は大きな力をもたらす分、“楽ではない”ので、苦労を避けたい」という2つの意味があります。自分にとって不利益でつらい状況でも、「変化する」より「耐える」を選択する牡牛座が多いのは、「知らない苦労より知っている苦労のほうがマシ」という感覚からでしょう。

刺激を求めて永遠に走り続ける人
言葉を生かし操る力は12星座随一

♊ 双子座

二分類▸男性星座
三分類▸柔軟宮
四分類▸風のエレメント

守護星
水星

象徴する体の部位
肩、腕、手、自律神経系、肺などの呼吸器

象徴するフレーズ
I think「私は考える」

キーワード
好奇心旺盛／臨機応変／聡明で情報を駆使する力／鋭い言語感覚／ユーモアがある／コミュニケーション能力の高さ／移り気で執着心が少なめ／毒舌家／嘘が巧み

エネルギー

多くの情報を同時に受信する**①高感度のアンテナ**と、その中で必要な部分を瞬時に判別する、これまた抜群に回転速度の速い頭。その両方を併せ持つのが双子座です。原動力は「面白いことに出会いたい気持ち（**②好奇心**）」で、そこに最大の価値を置きます。ワクワクするためなら未知のことにもためらわず挑戦しますが、関心が薄れれば**③未練なくすぐその場を去ります**。状況把握が早く、往々にして器用ですが、一つのことを極めるのは苦手です。

重要な言葉をさらに詳しく解説すると……

①高感度のアンテナ

あらゆることへの「反応の速さ」はこのアンテナが支えています。「素早く情報をキャッチし適切なタイミングで活用」。これが最大の武器であり、時に本人を疲れさせる要因にも。例えるなら精密機器。高性能なものほど、些細なことでエラーを起こしやすいでしょう？

②好奇心

最も価値を置くのは「自分にとって面白いこと（＝新鮮味がある）」。愛やお金、名誉も大事ですが、「面白い」にはかないません。面白いと思うことなら何でもOKな雑食傾向。慣れや退屈は双子座の最大の敵です。

③未練なくすぐその場を去ります

「双子座は飽きっぽい」とよく言われますが、それは生涯にたくさんのものを好きになる人だから。双子座は新鮮味を愛し次々と新しく好きになるので、それが移り気に見えるのでしょう。ただし、一つのものや人が「次々と新しい面を見せる」なら、双子座はそこに新たな魅力を発見し、ずっと好きでい続けると思います。

大切な人のためなら強くなれる
豊かな感受性と深い愛情の持ち主

♋ 蟹座

二分類 ▸ 女性星座
三分類 ▸ 活動宮
四分類 ▸ 水のエレメント

守護星	象徴する体の部位	象徴するフレーズ
月	胸、乳房、胃腸	I feel「私は感じる」

キーワード

情緒豊か／母性的で保護欲が強い／面倒見がよく勤勉／親しみやすい／やさしさ／気遣いの上手さ／感情の起伏が激しい／受け身／人見知りで排他的

エネルギー

温かく**①気取らない**やさしさを持つ蟹座。包容力に富み、繊細に物事を感じ取ります。特に人の痛みに敏感です。**②愛情を注ぐ**ことは蟹座の大事な原動力で、愛するもの、助けを必要とするものに対しては、積極的に世話を焼き、特別に強い防御本能を発揮します。感情表現も豊かで周囲を惹きつけますが、デリケートな分**③傷つきやすく**、悲観的になると一気に**④攻撃的になる**面も。自分の内（味方）と感じるものには甘く、外（敵）と感じるものには壁を作ります。

重要な言葉をさらに詳しく解説すると……

①気取らない

蟹座の魅力は「誰にでもわかりやすい、受け入れやすい」庶民的なところ。幼馴染＆クラスのアイドル風で、ファン層も広いイメージ。子どもや年配の人からも好かれます。

②愛情を注ぐ

12星座内でも屈指の「愛を求める気持ちの強い」性格。愛される以上に愛したい、守りたいタイプ。蟹座の守護星は月（母性の星）というところにも関係しています。

③傷つきやすく

自分自身も繊細だからこそ、人の気持ちがよくわかります。特に蟹座は正直でピュア（思い込みが激しいという説も）。そういう人は傷つきやすいのです。

④攻撃的になる

傷ついた分、自分を守るために排他的（自分を傷つけそうなものを退ける）に。蟹には殻がありますが、それが内と外を分けるのです（内側はふかふか。外側は硬い！）。

理想は「期待に応えられる」自分
朗らかで気のいい12星座の中心的存在

♌ 獅子座

二分類 ▸ 男性星座
三分類 ▸ 不動宮
四分類 ▸ 火のエレメント

守護星	象徴する体の部位	象徴するフレーズ
太陽	**心臓、血管、動脈、血液、背中**	**I will「私は志す」**

キーワード

自己表現／朗らかで陽気／主人公的性質／プライドの高さ／正義感が強い／頼りがいがある／カリスマ性／親分肌／派手で自信過剰／わがまま／支配的

エネルギー

大胆な行動と独特の華やかさで人を惹きつける獅子座は、**①明るく目立つ**タイプ。求めるもののために熱心に努力できる素直さや、**②人のために一生懸命**になれる誠実さなど、純粋な内面が魅力の根源と言えます。頼られると弱く、周囲の期待に応えることは獅子座に大きなやる気をもたらします。が、逆に頼ること（弱みを見せること）は苦手。**③頑固さ**、無理を抱え込む癖などは大きな課題でしょう。また自分への**④過大評価**や、発想の暗さは魅力を損ないます。

重要な言葉をさらに詳しく解説すると……

①明るく目立つ

獅子座は「自分をそのまま発揮したほうが魅力的な存在」です。たとえ多少ダサくても、獅子座なら「あり！」にできてしまいます。流行や周囲の意向を気にしすぎると、パワー半減です。

②人のために一生懸命

言い換えれば「いいかっこしい」。「かっこつけること」がとっても大事で、それが獅子座のプライド。自分で自分をいいと思えるからこそ、自分を信じられるのです（高い自己肯定感）。

③頑固さ

柔軟に気持ちを切り替えられないということ。素直ですが、頭は固い。変化に対応するまでに時間がかかります。

④過大評価

心身のバランスを崩すと持ち前の明るさ、素直さを失い、努力への意欲も喪失。プライドだけが過剰になり、傲慢（ごうまん）になります。獅子座のよさは「心の健やかさ」あってこそ。

稲やかで規則正しい日常を好む
知的かつ客観的な世界の観察者

♍ 乙女座

二分類 ▸ 女性星座
三分類 ▸ 柔軟宮
四分類 ▸ 地のエレメント

守護星	象徴する体の部位	象徴するフレーズ
水星	**胃、腸**	**I analyze「私は分析する」**

キーワード

冷静で観察力・分析力に富む／物事の規則・ルールを守る／礼儀正しい／完璧主義／激しい感情表現は苦手／ナイーブで怖がり／奉仕的な精神／健康志向／批判精神が強い

エネルギー

この世界の冷静な観察者、乙女座。**①知的で状況把握が早く**、今必要なことを察知し実行する能力に秀でています。安定した環境・状況を好み、規則正しいリズムの中で最大の力を発揮。勉強やトレーニング、事務作業、家事など、**②継続的な行動**を計画的に行わせたら右に出る者はいません。その分、突発的な出来事や、**③イレギュラーな状況は苦手**。たとえそれがいくらポジティブなものでも、激しい展開、**④感情の揺れ**を伴うものは避けがちです。

重要な言葉をさらに詳しく解説すると……

①知的で状況把握が早い

アクションを起こす前に「まずよく見る、聞く、考える」タイプ。要領がよく無駄なことをしません。「最小限で最大効率」を求める人。これが乙女座です。

②継続的な行動

「自分がよいと思う状況が淡々と同じ状態で続く」ことを好みます。その状況を守るために規則正しく動くので、勉強ははかどるし家は片付く。整理整頓も上手です。

③イレギュラーな状況は苦手

日常が乱されることを嫌がり、不協和音ととらえます。サプライズパーティーや急な告白など、内容がポジティブなことだったとしても喜びません。

④感情の揺れ

自分自身の中の変動にもあまり耐性がありません。怖いと感じると避け、なかったことにしたがる傾向も。大きな変化を受け入れるには、自分のペース&時間が必要です。

美的センスと外交手腕は超一流
場を味方につけ目的を達する頭脳プレイヤー

♎ 天秤座

二分類 ▸ 男性星座
三分類 ▸ 活動宮
四分類 ▸ 風のエレメント

守護星	象徴する体の部位	象徴するフレーズ
金星	**腰、ウエスト、腎臓**	**I balance「私は調和させる」**

キーワード

調和とバランス／優雅さ／上品さ／パートナーシップ／結婚／センスがよい／社交的／平和主義／公正さ／人気がある／日和見的／優柔不断／見栄っ張り

エネルギー

穏やかで冷静な性質の天秤座。いわゆる**①空気を読む**能力に長(た)け、人の意図することや場の状況を読み取り、的確に行動へ移せる知性の持ち主です。社交的で美的なセンスもあり、おしゃれ。その華やかさ、誰に対しても**②公正な姿勢**から、人気を集めることもしばしばです。ただ平和・平穏を求める性格ゆえに、やむを得ない状況でも争いごとや**③面倒ごとを避ける**傾向も。また周囲に気を遣いすぎて優柔不断になり、**④自分を見失いやすい**側面もあります。

重要な言葉をさらに詳しく解説すると……

①空気を読む

一見受け身なようですが、より自分にとって有利な道を探すため、状況を見て空気を読むことを選択。自分の行動の成果を上げるためです。相手の意図を理解し利用できるので、モテます。

②公正な姿勢

策士という面が目立ちますが、根は公正で真面目な人。ずるさや差別などには非常に敏感で、理想主義者的な一面も。

③面倒ごとを避ける

調和を重んじる天秤座は「心を乱すもの・こと」が苦手です。激しすぎる争いや汚れ、苦痛はとにかく避けたい。嫌だし恐れています。大っぴらには逃げませんが（それはかっこ悪いから）、さりげなくそういう役目や場面は退けます。

④自分を見失いやすい

周囲の考えや体面を気にしすぎて、自分の望みがわからなくなる。天秤座によくあることです。

一度心を決めたらどこまでも信じ抜く
不屈の精神で難局を越える愛と直感の人

♏ 蠍座

二分類‣女性星座
三分類‣不動宮
四分類‣水のエレメント

守護星	象徴する体の部位	象徴するフレーズ
冥王星	生殖器、子宮、泌尿器系	I desire「私は欲する」

キーワード

寡黙で慎重／強い意志／粘り強さ／洞察力／真面目で嘘や表面的なものを嫌う／愛情深くとことん愛する／人情深く執着心も強め／霊的な直感力

エネルギー

本能に忠実で意志が強く、一つのことを深く突き詰める性質の蠍座。多少の困難には動じないタフさと**①忍耐力**で周囲から信頼を得ます。受け身で簡単に人に心を許しませんが、一度気に入ったものは**②とことん愛し抜く**情熱的な面も。その分、柔軟な対応や客観的な思考、気持ちの切り替えは苦手。融通が利かず、何事もすべてＯＫかすべてダメと**③極端に判断**する激しさもあります。常識に惑わされない直感があり、**④物事の本質をいち早く見抜く**ことも多いです。

重要な言葉をさらに詳しく解説すると……

①忍耐力

持久戦＆逆境に強い「防御型」キャラクター。今の状況を受け入れ、とことんやり抜くことで求めるものを得ます（蠍座が持ちこたえている間に他が脱落する）。よくも悪くも「鈍感」で、そこがたくましさの源です。

②とことん愛し抜く

蠍座は愛情の容量がそもそも多いです。一方、慎重で気軽に人に心を許せないため、生涯に愛するものや人の数も少なくなります。結果、一度の恋に対する思い入れが強い＝執着心が強い傾向に。

③極端に判断

「受け入れるか／受け入れないか」の二択でものを考えがちなため、「いろいろな視点から見る」ことをしません。受け入れると決めると、何かあっても自分から見限りません。それを誠実さと考えがちな面もあります。

④物事の本質をいち早く見抜く

融通の利かなさは、内面の純粋さ、先入観のなさからくるもの。人や状況に対しても基本的に忖度(そんたく)しません。

深い探求心と熱狂的な情熱
その両方を併せ持つ、行動する哲学者

♐ 射手座

二分類▸男性星座
三分類▸柔軟宮
四分類▸火のエレメント

守護星	象徴する体の部位	象徴するフレーズ
木星	**腰、太もも、肝臓**	**I explore「私は探究する」**

キーワード

知的好奇心旺盛／向学心／視野の広さ／気ままで束縛を嫌う／冒険心／一人を好む／自由な発想と行動力／熱狂的で野性的／旅や哲学・宗教への関心／飽きっぽさ

エネルギー

明るく楽観的で、時に大胆な性質。何かを知り探究することに情熱を感じ、とことんまで突き詰めようとします。興味を持てば即飛び出していくという行動力が持ち味で、自分を刺激してくれるものを求め、旅するように生きるのも特徴的。その分、**①執着心は薄め**で、興味が薄まると関心はまた次のものへ。**②テンションの上下**もわかりやすいタイプ。惹かれやすいのは哲学や宗教など本質的なもの。束縛を嫌い、**③一人を好む**傾向です。偏見や差別を嫌います。

重要な言葉をさらに詳しく解説すると……

①執着心は薄め

求めるのは「自分を刺激してくれる存在」で、その存在が新鮮であるほど、刺激は多くなります。大事なものがあっても、「いつもそばに置いておきたい」「それさえあればいい」という感覚ではないのです。

②テンションの上下

何かに集中している時の射手座は「熱狂的」レベル。夢中になると一気にのめり込みます。知的ですがノリで動くやや無責任な一面もあり、周囲を振り回しがちです。いわゆる「熱しやすく冷めやすい人」のイメージに近いです。

③一人を好む

何でも一人でできるし、一人でいることや未知なことへの恐れも弱めです。いつ動こうが、何に関心を持とうが自由。人とかかわることは、時に面倒で不自由な部分も多く、一人のほうがメリットが大きいと思っています。

物静かな顔の裏に野心を秘める
質実剛健でストイックな努力家

♑ 山羊座

二分類 ▸ 女性星座
三分類 ▸ 活動宮
四分類 ▸ 地のエレメント

守護星
土星

象徴する体の部位
膝、骨、関節、皮膚、脾臓

象徴するフレーズ
I use「私は活用する」

キーワード

真面目で努力家／プライドの高さ／現実的で合理的／長期的な視点／野心的／責任感が強く実力主義／ルールを守り自分に厳しい／ストイック

エネルギー

真面目で保守的。内側には強い**①野心**があり、自分がこうと決めたことには、気持ちがブレずに取り組み、大きなことを成し遂げる努力の人です。ものの考え方が**②悲観的**な分、何事にも慎重＆確実なアプローチをするタイプ。義務や責任を重んじ、いい加減な人、人に迷惑をかける人には非常に**③厳しい**です。急な変化、柔軟な対応には弱く、適応するまでに時間を要します。素直に感情を表現するのが苦手ですが、**④打ち解けると実直**で、信頼の置ける人でしょう。

重要な言葉をさらに詳しく解説すると……

①野心

自分の経験と自信によって成長し、大きく性格が変わる存在。若く未熟な時代は気弱で存在感も薄めですが、経験から多くを学び、レベルアップします。つらい経験がバネになるタイプ。地位や名誉にもこだわります。

②悲観的

物事がうまくいかなかった場合を想定して作戦を練るタイプ。ピンチに強く、冷静に対処して実力を示します。逆に「何もしなくても大丈夫」は苦手かも。

③厳しい

「ありのままの自分になかなか○（合格点）がつけられない」性格で、「きっとやれるはずだ！」という自分に対する期待も高く、常に頑張りがちです。その自分が基準なので、必然的に周囲にも厳しくなります。

④打ち解けると実直

他人に対して、きちんとしていようという意識は強いものの、一度打ち解けると温かく親切です。特に自分を理解してくれる人は大事にします。ただし、親切度は増しますが、甘やかしません。

どこまでも自由で自分らしくいたい
ルールの外で最も輝くクリエイター

♒ 水瓶座

二分類▸男性星座
三分類▸不動宮
四分類▸風のエレメント

守護星

天王星

象徴する体の部位

ふくらはぎ、足首、静脈

象徴するフレーズ

I solve「私は解決する」

キーワード

独創的で自由／個人主義／垣根のない視野（国際的）／マニアックな興味／友愛的で淡泊／ルールや慣習を嫌う／理屈っぽい／革新的で変わり者

エネルギー

知的好奇心が旺盛で物事を客観的にとらえるクールな気質。頭の回転が速く、一度興味を持つと深く**①突き詰めたいタイプ**で、自分のマニアックな世界観をとても大事にしています。発想や行動はオリジナリティーに富み、自らも**②人とは違う存在でいたい**という意識が強め。社会や集団内の**③ルールに従うのは苦手**で、縛られるくらいなら一人でいることを選びます。友愛的な気質を持ち、誰にでもフレンドリーですが、その分**④愛情と友情の垣根は低め**です。

重要な言葉をさらに詳しく解説すると……

①突き詰めたいタイプ

水瓶座は研究者タイプ。自分にとって大事なことはとことん突き詰め、そのこと自体を楽しみます。人の評価にはあまり関心がない、いわゆるオタク気質な面も。

②人とは違う存在でいたい

「周囲に合わせなきゃと思わない」「目立ってなんぼだ」と考えます。長いものには巻かれたくなく、反骨精神も強め。状況は理解しても、あえて空気を読まないのでしょう。

③ルールに従うのは苦手

客観的で視野の広い水瓶座は合理的な人。納得すればどんな状況も受け入れますが、理にかなっていないことには、それがルールでも偉い人の意見でも「ノー」です。

④愛情と友情の垣根は低め

恋愛においても垣根の低さ、自由な発想力を発揮。クールな気質ですが、軽い好意なら気軽に持つ傾向があります。その分、どっぷりはまることはほとんどありません。

愛されオーラで周囲を味方につける
12 星座屈指の癒し系キャラクター

♓ 魚座

二分類 ▸ 女性星座
三分類 ▸ 柔軟宮
四分類 ▸ 水のエレメント

守護星
海王星

象徴する体の部位
足（足裏）、リンパ系

象徴するフレーズ
I believe「私は信じる」

キーワード

感受性豊か／ロマンチック／献身的でやさしい／自己犠牲的で奉仕精神に富む／同情心の深さ／優柔不断で流されやすい／直感が鋭く霊的な感性／ルーズさ

エネルギー

デリケートで豊かな感性を持ち、自然と人や状況に寄り添える**①奉仕精神**の持ち主です。物事に対して基本的に受け身ですが、やさしく、**②放っておけないオーラ**を発揮し、どこにでも自分の居場所を見出します。穏やかな自分らしいペースで力を発揮するタイプですが、ルーズで流されやすい面もあり、周囲の感情や状況に**③翻弄（ほんろう）され**、方向性を見失うこともしばしば。ロマンチストで**④芸術的感性も高め**ですが、現実感覚に乏しく自分に自信を持ちにくい側面も。

重要な言葉をさらに詳しく解説すると……

①奉仕精神

自分のことは二の次で、他人に尽くしてしまう人。困っている＆弱っている存在にはとても弱いです。そのやさしさは子どもやお年寄りだけでなく、動植物などからも「言葉での理解を越えて」好かれます。

②放っておけないオーラ

「自分のご飯もあげてしまう」くらい献身的なので、魚座を大事に思う周囲はひやひやし、魚座の分のご飯を確保。そういう自分を守ってくれる相手を引き寄せる力が、実は魚座の強さかも。

③翻弄され

魚座の長所は「状況に溶け込む能力」ですが、その垣根のなさ＆自分を守る力の弱さは、いろいろなものの影響＆侵入を許してしまうのです。自分のいる環境や付き合う相手は注意深く選ぶ必要がありそうです。

④芸術的感性も高め

感じるままに生きる魚座は芸術家向き。霊的な力も強めでスピリチュアルな能力を授かっていることも。

12星座の分類

12 星座の性質を覚える際に参考となるのが「二分類、三分類、四分類」の分類です。共通する性質を持つ星座同士をグループ化したもので、一見まるで違う性質に思えそうな星座同士も、同じグループであれば、共通する面を持つことになります。知っておくと 12 星座全体を理解しやすくなります。

二分類

「男性星座」「女性星座」で２つに分ける分類。主にものの考え方や行動に関して、能動的か受動的かを表します。ホロスコープ内の天体がどちらの星座に多いかで傾向を確認しましょう。太陽や月があれば、さらにその分類の傾向が強まります。

男性星座

牡羊座／双子座／獅子座／天秤座／射手座／水瓶座

男性星座が多い

自分の考えや意志を外に向かって発信、行動を起こしていく積極的な資質。その分、周囲の状況や他人の内面の動きには関心を向けにくいかも。

女性星座

牡牛座／蟹座／乙女座／蠍座／山羊座／魚座

女性星座が多い

自分の考えや意志を表に出したがらない消極的な気質。周囲の状況を見た上で意思表示し、人の気持ちや安全性、現状を維持することを重要視する。

三分類

「活動宮」「不動宮」「柔軟宮」の３つに分ける分類。主に物事に対する行動の傾向を表します。三分類は 12 星座をより深く理解するのに要となる部分。一見、性質の違う四星座の根底にある共通点を感じ取りましょう。

活動宮
牡羊座／蟹座／
天秤座／山羊座

活動宮が多い
積極的かつ行動的で状況の主導権を握りたがるタイプ。時に強引だが、基本的には単純で快活。

不動宮
牡牛座／獅子座／
蠍座／水瓶座

不動宮が多い
慎重で、動く前には熟慮するタイプ。決めたことには不屈の持久力を発揮。こだわり、執着心は強め。

柔軟宮
双子座／乙女座／
射手座／魚座

柔軟宮が多い
適応力に富む器用なタイプ。状況ごとに臨機応変に対応できるが、迷いやすく矛盾も多い存在。

四分類

「火の星座」「地の星座」「風の星座」「水の星座」の４エレメントで分ける分類。主に「その人自身」や「その状況」の気質の差を表します。天体が多く入っているエレメントはその影響が強めになり、太陽や月が入っていればその傾向は一層強まります。

火のエレメント
牡羊座／獅子座／射手座

火のエレメントが多い人
「精神」を象徴。創造力、開拓精神が強め。陽気で情熱的、楽天的、プライドが高く自分らしさを重要視。時に短気で破壊的。

地のエレメント
牡牛座／乙女座／山羊座

地のエレメントが多い人
「物質」を象徴。堅実で用心深く現実的な思考。経験を重要視し冒険を避ける。実務能力に長け、人や物事への執着心は強め。

風のエレメント
双子座／天秤座／水瓶座

風のエレメントが多い人
「知識」を象徴。自由で軽快。対話能力が高く、論理的。発想も柔軟で豊かだが、時に情緒に欠けることも。ドライな気質。

水のエレメント
蟹座／蠍座／魚座

水のエレメントが多い人
「感情」を象徴。感覚的で人の感情や場の空気を読み取る。必要とされると真価を発揮。感情の揺れやすさ、迷いやすさが難点。

なぜ12星座を分類して考えるの？

ほしみさん、38～39ページで二分類、三分類、四分類を解説しました。

26～37ページの12星座解説でも、どこに分類されるか書かれているので、復習しながら覚えるようにしてみました。

では次に、その分類をどのように生かすか、さらに深掘りしていきますよ。

はい、お願いします！

分類することで見えるのは、それぞれのグループの共通点です。二分類では「男性星座」「女性星座」に分けていますが、男性星座に入る星座の性質は大まかに言えば積極的で、女性宮は消極的。三分類で言えば、「活動宮」は行動的で、「不動宮」は慎重派、「柔軟宮」は臨機応変タイプです。

なるほど、二分類や三分類はわかりやすいですね。

四分類は「火のエレメント」なら陽気で楽天的、「地のエレメント」は堅実派で用心深く動くタイプです。「風のエレメント」は理論的でドライな性格、「水のエレメント」は感覚的に空気を読むタイプ。大雑把な言い方ですが、このような感じです。

私の太陽星座は牡牛座で、四分類でいえば「地のエレメンツ」ですが、同じ地のエレメンツの人とは性質が似ている、相性で言えば、仲よくできるということですか？

はい、四分類ではそういう考え方ができます。**同じエレメンツ同士は融和的、協力的、同調できる、そんな関係性です。**

三分類ではどうですか？

三分類の場合は、12星座の角度でいうと90度の配置になるのですが、お互いに緊張感が強くて衝突する関係になりがちです。でも、実は共通する性質があるもの同士なので、そこを理解し合ってタッグを組むと、最強の関係になることもあります。

そうか、分類はそういう視点からも見れば、覚えやすくなりますね。ちょっと難しいと思っているのは月星座、水星星座といった、太陽以外の9天体も二分類、三分類、四分類と分類されるということです。

10天体の分類まで読むのは占星術ビギナーにはまだハードルが少々高いので、**まずは10天体の中で太陽と月がどこに分類されているかを知っておきましょう。**

そうなんですね。まずは12星座の性質を覚え、さらに二分類、三分類、四分類も加えてみたら、より深く多面的に12星座を理解できるようになりそうですね。

先生、二分類、四分類は「性質が似ている、協力しやすい」グループとわかるんですが……。三分類は「この星座同士が同じ分類？」と不思議なんです。

三分類は「似ているからこそ、行動がかぶる、衝突する」というグループ。理解するコツは「それぞれの星座が行動する際の裏にある動機（どうしたがっているか、どういうのが嫌なのかなど）」を想像し、自分なりの共通点・イメージを見つけ出すことです。

各グループに4人いるという イメージで考える

例えば……

⋆活動宮⋆

牡羊座／蟹座／天秤座／山羊座

キャラは全く違うのに、クラスで好きな人がかぶる4人。アプローチ方法は違うけど、互いに「あの子も彼を狙っている……」と直感的にわかるというイメージ。好みが近いくらいなので協力し合えば強力です。

⋆不動宮⋆

牡牛座／獅子座／蠍座／水瓶座

キャンプで作るカレーの味付けを自分流にしたくてもめる4人。みんな自分のレシピが一番だと思っていて、最初は尊重し合うが最終的に譲らず、隙を見て鍋に自分の好みのものを入れようとして、結果もめる。

⋆柔軟宮⋆

双子座／乙女座／射手座／魚座

大勢の飲み会でつまらなくなり、こっそり帰っちゃおう……と思って抜け出したら、入り口で鉢合わせする4人。仲は特によくないけど、そのマイペースさが共通している。それぞれが空気でお互いの意図を察知して、無言で目配せして帰るというイメージ。

第2章

10天体を知る

ホロスコープを読む際に重要な10の天体について解説します。一つ一つを読み、自分の中で具体的なイメージを作りましょう。

10天体からは何がわかるの？

ホロスコープには、水星、金星、火星、木星、土星、天王星、海王星、冥王星といった８つの天体に、太陽と月をプラスした10天体が登場します。西洋占星術では、理科で習う天文学とはちょっと違った解釈で、天体について考えてきた歴史があります。10天体にはそれぞれ、昔の人たちのイメージやメッセージが込められているのです。

長い歴史の中で築かれてきたのですね。でも、10の特徴を記憶できるか自信が……。

全部暗記しようとしないで。まずは12星座のように全体像をざっくりとつかみましょう。太陽、月、水星、金星、火星の５天体からでも得られる情報は多いですよ。**10天体はその人の理想とする生き方や生まれ持った性質、コミュニケーションの取り方 、恋愛傾向などを表しています**。よくある12星座占いは、ここでいう太陽星座の性質だけで判断したものですね。

私の太陽星座は牡牛座だけれど、他の天体も私を形成しているのですね。10天体が私に与える影響は均等なのですか？

いい質問ですね。影響力は天体によっても異なるし、そのホロスコープ内でのアスペクト（第４章参照）によっても変わります。特に**パーソナリティに強く影響を与えるのは太陽、月、水星、金星、火星の５天体で、この５つで全体の６～７割ぐらいというイメージでしょ**

う。生まれた時代背景など、生きていく中での外的要素を示す木星、土星、天王星、海王星、冥王星が残りの３〜４割です。

そうなのですね。５天体のうちでも、強く影響を受ける天体はあるのですか？

太陽と月は、その人を象徴する特別な天体ですね。太陽が表すのは自分自身で、最も大きな影響力を持つ天体。理想とする生き方、「自分がこうありたい」と思う姿を表しています。自分が今後向かっていく、いわば、未来の自分みたいなものですね。月は、生まれたときから持っている自分の内面や生活上の習慣を象徴する天体。例えるなら、実家みたいなもの。でも実家って居心地のいい人と悪い人がいるでしょう？　自分で選んで生まれてくるわけじゃないし、与えられた環境だから自分ではどうしようもないもの。そういう意味では自分のルーツに近い、自分の中の過去寄りの部分、とも言えます。

月星座が実家か……納得しました！　もしかして、太陽と月の性質が似ている人は生きやすくなりますか。

そうなんです。目指すべき生き方と現状の姿に差が少ないから、**理想と現実のギャップに悩みにくく、葛藤も少ないのですね。ただ、この葛藤は人を成長させるものなので、ないほうがいいとも言い切れません**。太陽と月の関係は興味深いので、80ページでさらに詳しく話しますね。 そして、水星からは自己表現の傾向や、興味関心があることがわかるし、恋愛傾向は女性なら金星、男性なら火星から読み解けます。好きになる人の傾向も星が教えてくれますよ。

いろいろな天体の影響を受けて、私ができ上がっているのですね！

興味が広がってきていますね、いいことです。それでは、ここから各天体の特徴を詳しく見てみましょう。

「理想の生き方」であり「私自身の核」でもある
すべての生きるもののエネルギーの源

☉太陽

象徴するキーワード

意志／尊厳／輝かしいもの／明らかなもの／公の領域／
プライド（尊大さ、自己中心的）／父親／夫／権力を持つ人／リーダーやヒーロー

西洋占星術の中心的存在。その存在の生きるエネルギーと個性の源を司る天体です。特定の人を読む場合には、「自分はどういう存在でありたいか」「どう生きたとき、最も満たされるか」を表します。その人自身を象徴する天体を一つ選ぶなら、間違いなく太陽です。ただし、太陽はその人自身の自立した意志と強く結びついているため、「自分の求めるものを、自分の意志で追う」という自覚が必要です。未熟な（幼い）精神のうちは、太陽は没個性的。生きていく上での積極性、成長の意欲が強まるとき、太陽星座の存在感も増していくでしょう。

太陽が 牡羊座 にある

燃えるような勇気と開拓精神の持ち主

エネルギッシュで猪突猛進。これだと思えばためらわず突き進み、怒濤の攻撃で求めるものを手にします。ただし、着火が早い分、鎮火も早く、違うと思えば即撤退。迷いや不安に惑わされ、中途半端な状態にいることは少ないようです。攻撃的（怒っている・けんか腰）に思われがちですが、たいてい裏はなく、情熱の示し方が不器用なだけ。誇り高く明るい個性です。

太陽が 牡牛座 にある

美と穏やかな日常を愛する誠実な人

温厚で安定した癒し系の気質。真面目で努力家、美しい物への特別な感受性を持ち、自己主張は少なく、感情面でも受け身です。物質的に満たされた環境を好み、心地よい「居場所」をとても大事にします。しかしその分、自分の平和を乱す存在への警戒心は強く、簡単に新しいものには心を開きません。決断まで時間がかかりますが、一度こうと決めたことは不退転の決意で守り抜く強さを発揮します。

太陽が 双子座 にある

高感度なアンテナを持つ愉快な話し手

強烈な好奇心を原動力に、その興味の赴くまま動き、知ることを楽しむ人。幅広くアンテナを張るので、流行や人の動向にも敏感です。気軽に何事にも挑戦できる柔軟性、器用さも持っています。また、頭の回転の速さは主に言語能力として開花。状況や相手に合わせた話術やユーモアのある言葉選びが巧みです。ただ、鋭敏な神経はときに本人にも負荷となり、心身を疲れさせ、神経質になることも。

太陽が 蟹座 にある

「愛のためなら強くなる」母性と献身の人

豊かな感受性と愛情を持ち、人との絆に深い意味を見出す献身的な人。明るく愛嬌があり親しみやすい気質ですが、デリケートで感情に波があり、傷つきやすい面も。人を敵味方で区別する傾向もあり、一度「敵（もしくは他人）」と認識すると急によそよそしくなり、壁を作ることもしばしば。味方と感じる相手や組織、集団に対しては親身で母性的でしょう。基本は愛し愛されたいタイプ。

太陽が 獅子座 にある

どこまでも輝きたい、プライドと根性の人

明るく華やかなオーラと自己表現への強い欲求を持ち、情熱的に生きたい、周囲に自分の存在を認めてほしいと願う人。プライドも高いですが、求めるもののためには努力を惜しみません。面倒見もよく、自分を必要としてくれる人はどこまでも守る懐の深さもあります。しかし、周囲の支持が得られない＆努力が認められないと鬱々（うつうつ）とし、元気を失います。揺らぎのない自己肯定感を持つことが大事。

太陽が 乙女座 にある

この世を俯瞰（ふかん）で見るクールな分析家

冷静な観察力、分析力を持ち、その場の状況や今の自分に必要なことを日々見極めているクールな人。何事も先に計画を立て、適切な道筋をたどって結果を出します。穏やかで良心的、純粋な人ですが、突発的な行動や挑戦、大きな感情の揺れなど、自分の日常を乱すものは、内容にかかわらず避ける傾向が。批判精神旺盛なため、時に口うるさく、ネガティブな神経質さを見せることも。

太陽が 天秤座 にある

「穏やかに＆平和的に」重視の上級社交家

協調性とバランス感覚に富んだ平和的気質の人。人との関係性を大事にし、いかに調和的にやっていくかを巧みに判断、実行します。上品で穏やかな性格で分け隔てなく人とかかわるため、周囲からも好かれやすいでしょう。物事をスマートにこなすセンスも持ち合わせています。ただ人目を気にする姿勢はときに優柔不断につながることも。つらいこと、汚れ仕事は避けようとする傾向あり。

太陽が 蠍座 にある

パワーと情熱を内に秘めた信念の人

強い情熱と鋭い洞察力を持つ人。器用ではありませんが、これと思ったことをとことん突き詰める粘り強さを持っています。人に対しても慎重で簡単に心を開かない分、いったん開くと深く信じ大事にするでしょう。しかし、そうであるがゆえに嫉妬心、執着心も強く、一度受けた傷は忘れない傾向も。物事を深く掘り下げる忍耐強さをいかにポジティブに保つかが課題です。

太陽が 射手座 にある

興味をどこまでも追う知的冒険家

知的好奇心が強く、楽天的な性格。哲学や精神的な探究に興味を持ちやすく、物事の真理にたどり着きたいという情熱を秘めています。旅や冒険を好み、興味があればどこまでも追いかけたい人。知的ですが、野性的な面も大いにあり、何かにハマったときは熱狂的な一面を見せます。不自由な環境や規則、集団での活動は苦手。その半面、目的意識がないと粗暴で無責任、散漫な傾向も。

太陽が 山羊座 にある

狙ったものは必ず獲得。不屈の野心家

社会における自分の役割に重きを置く、責任感の強い人。真面目で誠実ですが、同時に野心も強く、願い事は時間をかけて確実に実現する実行力もあります。経験とともに大きく成長する性質で、若いときはおとなしく弱気でも、過去の経験を糧(かて)にして自信をつけていくでしょう。用心深く無駄が嫌い。考え方は控えめで保守的。素直に自分の感情を表現できない面もあります。

太陽が 水瓶座 にある

我が道を行く型にはまらぬ自由人

自由とオリジナリティーを大事にする、独立心旺盛な人。理論的＆柔軟な発想を持ち、既成概念にとらわれないため、新しいものを生み出すことができます。平等意識や博愛精神も強く、誰に対してもフレンドリーで、同時に、さっぱりした付き合いを好むタイプ。その独自性が生かされると「状況を大きく変える天才肌」ですが、生かしどころがわからず、変わり者・曲者扱いされやすい面も。

太陽が 魚座 にある

共鳴力の高い夢見がちなキャラクター

鋭い感受性と繊細さを持つやさしい気質。物事を感覚的にキャッチして人に共鳴したり、その場の雰囲気を読んだりする傾向があります。奉仕的な性格も強く、どんな環境にもすんなり溶け込め、周囲にかわいがられますが、その分、付け込まれやすく無理強いさせられることも多いでしょう。物質的な成功より感情面での安らぎ、芸術的＆夢想的喜びを大事にする人。現実逃避傾向もあり。

感情や肉体的感覚、日々の暮らし方
私という個性の中のもう一つの側面

☽ 月

＊象徴するキーワード＊

感情／感受性／保護／安らぎ／プライベートな領域／内面の意識／母／妻／保護する人／一般大衆／庶民的な人

太陽と対を成す、あなたの個性の根幹的存在。月の解釈は諸説ありますが、「ごくプライベートな素の自分、安心する状況、習慣、感情面での個性」という印象です。太陽が時にその人の成長とともに存在感を増すのに対し、月の性質は幼少期から発揮される場合が多いので、意識せずとも「こういう風に生きていくと安全だ」と幼い（つまり未熟な）時代に学んだスタイル（生存術）とも考えられます。大体の場合、無意識でする行動は月の管轄。ただし、満ち欠けが頻繁な月はうつろいやすい（揺さぶられやすい）側面もあり、解釈に注意が必要な天体でもあります。

月が 牡羊座 にある

直感に従いすぐ動く即断即決の人

喜怒哀楽が明確で正直な性格。判断や行動を急ぎがちですが、多少のことではへこたれないたくましい人。いいと思ったことには瞬時に反応。短気で自己中心的・競争心が強い面もありますが、勢いのわりにいったん気が済むとケロッとしています。時に言動の思い切りのよさが裏目に出て、本当は丁寧なのに「雑な人、気遣いの足りない人」「ちょっと怖い人」と思われやすい一面も。

月が 牡牛座 にある

好きなものを愛でて暮らす穏やかな人

良くも悪くものんびりした人。豊かな感性がありますが、それを周囲に対し表現するのは苦手なため、何を考えているかが相手に伝わりにくいかも。好きなものにはとことんこだわり（主に衣食住など日常的なものや美しいもの）、嫌なことは避ける快楽主義者の一面も。積極的な行動は苦手で、より安全な道や、時にじっと我慢することを選択しがちなため、無理を抱え込みやすいでしょう。

月が 双子座 にある

敏感なアンテナと器用さを持つ人

物事の変化に敏感で繊細。人の気付かない細かいことにも瞬時に反応できる感性を持ちます。気分が変わりやすく、飽きっぽいと見られることも。無意識にアンテナを張ってしまう分、心身が疲れすぎないよう用心が必要。またドライな態度を取りやすく、そのせいで誤解されがち（器用だから簡単にやっているように見える）。頑張っているのに評価されない！と思うなら、原因はそこかも。

月が 蟹座 にある

愛ゆえに強く、愛ゆえに悩まされる人

感受性が強くロマンチスト。親切でやさしい人柄ですが、感情の揺れが激しく、朗らかで元気な時と落ち込んでネガティブになっている時の差が大きいタイプ。また愛情豊かで保護欲が強く、大事な相手は何としても守ろうとする分、その気持ちが相手に受け入れられないと、深く傷つき、怒りに変わりやすいでしょう。相手との感情的な境界線、客観的な視点の獲得は大きな課題です。

月が 獅子座 にある

矛盾した感情に揺れる欲の強い人

華やかで大胆なものに憧れる人。誇り高く、包容力のある立派な自分でいようと日々努力しますが、理想が高いがゆえに、しばしばそうなれない自分に傷つき、悩む繊細な一面も。繊細なのに、「うれしくなるとすぐに調子に乗ってしまう」「他人の繊細な面には気付きにくい」という楽観的かつ鈍感な部分もあります。嫉妬心や所有欲も強く、時に手段を選ばない強引な一面も。

月が 乙女座 にある

何事をも見逃さぬ厳しい目を持つ人

思慮深く鋭敏な感性を持つ人。ものの考え方は現実的で、物事に対して計画的に取り組みます。話を聞く時は常にメモを取るタイプ。細かいところまで目が行き届くため、何をやっても完成度は高いのですが、ときに度を越して神経質になり、批判的な態度を取りがちな一面も。気が利くを通り越して口うるさくなりすぎないように。繊細な分、疲れやすいので、人も自分もいたわりましょう。

月が 天秤座 にある

「愛される自分」を計算で演じ切る人

人との関係性を重視し巧みに立ち回る、賢く親しみやすい人。愛される立ち位置を見つけるのがうまいですが、ときに相手に合わせるのが普通になって本来の自分を見失いがちに。特に怒りや悲しみなど、ネガティブな感情を表現するのは苦手でしょう。過度の優柔不断、見栄っ張りには気を付けて。美しいもの、心地いいものを楽しむ感覚にも秀でているので、芸術や贅沢が癒しになりそう。

月が 蠍座 にある

不屈の精神と情念を内に秘めた人

鋭い洞察力と強い信念を持つ人。物事に対して堅実で、本来保守的な性格ですが、必要とあれば思い切った挑戦も辞さない強さがあります。心身が強く無理もためらいません。同時に感情面は激しく、嫉妬心や執着心も強いタイプですが、それを隠したがります。自分のプライベートを見せたがらないかも。自分に求めるものが高く、「自分は足りない、恵まれていない」と思いやすい面も。

月が 射手座 にある

知性と野性味を併せ持つ大雑把な人

明るく屈託のない人。大らかで楽天的なものの考え方をし、知識欲が強く好奇心も旺盛。しかし同時に思考や行動が大雑把で、情熱的に取り組んでも、あっという間に熱が冷めるなど気分の変わりやすさも目立ちます。動きの乱暴さ、言葉選びの適当さで周囲を傷つけることも多そう。自由さをうまく活用できれば誰とでも親しめる人、そうでないと信用ならない雑な人に。

月が 山羊座 にある

何でも自分で決めたい自己完結の人

真面目で責任感が強く、物事を深く突き詰めて考える人。合理的に物事を判断し感情に流されることを避けようとします。問題には先回りして対策を取りたいタイプ。慣れたことを好み、同じ習慣の中で暮らすと安心するでしょう。自分で判断し、自分で成し遂げたい独断型で、人の意見を聞くのは苦手。結果を求めすぎて人の気持ちを考えないところ、自分にも人にも無理を強いる傾向にはご用心を。

月が 水瓶座 にある

友愛的でプライバシーを重要視する人

新しいこと、型にはまらないことに興味を持ち、「人と違う自分でいたい」という思いを抱えている人。知的で向学心も強く、偏見なくフレンドリーにいろいろな人とかかわるタイプです。同時に個人主義的で、必要以上にプライバシーを侵されることは好みません。感情面でもドライな傾向。「普通であること」にどこか否定的で、一般的な価値観、幸せを避けがちな一面も。

月が 魚座 にある

繊細で傷つきやすく保護欲を誘う人

感受性が強くデリケートな気質。同情心が厚く純粋で、芸術的な感性に秀でますが、物事を感覚的にとらえる傾向が強いので、具体的に考えて行動に起こすのが苦手な一面も。また、人を信じやすい分、周囲の影響も受けやすいでしょう。どういう相手と付き合うかに慎重さが必要です。揺さぶられやすい感性は心身を疲弊（ひへい）させやすいので、人や物事との適切な距離感を覚えましょう。

何に関心を持ちワクワクするか、考えや感情をどう表現するか
アンテナの方向性と自己表現の手腕を表す

☿ 水星

象徴するキーワード

知性／好奇心／言語に関する能力／学習能力／技術／情報通信／素早さ／飽きっぽさ／兄弟／年下の人／知識人／商工業者

水星はいわば、その人が生きる中での「インプット」「アウトプット」のスタイルを教えてくれる天体。インプットは「何に興味を持ち、刺激され、どういう風に学ぶか」。アウトプットは「内なる自分をどう語り、どう表現するか」。太陽や月はより根源的な個性を示しますが、それを他者や社会に向けてどう表すかは、水星にかかっています。積極的な水星はよく学び、周囲の情報を巧みに活用して世界を広げます。消極的な水星は情報の真偽を見抜けず、自分を語る言葉を多く持ちません。自分の水星の個性を知ることは、生きる上での重要なテクニックでもあります。

水星が牡羊座にある

単純明快で迷いのない直球思考

意思表示が明確で、物事をはっきり言うタイプ。回りくどさを嫌い、裏表がなく堂々としています。判断が速く、瞬時に行動を決められるので、急展開や危機的状況には強いでしょう。ただデリケートな相手からは、言葉や態度がキツイ、乱暴と解釈されることも（本人にそのつもりがなくても、そう聞こえる傾向が）。また決断を急ぐあまり、無計画かつ自分勝手な行動を起こしがちな一面も。

水星が牡牛座にある

よく考え丁寧に取り組む慎重派

一つのことに丁寧に取り組む人。物事の習得には時間がかかるものの、いったんはじめたことは粘り強く取り組み、質の高い状態に仕上げるでしょう。その分、自分の考えに対し頑固になりがちで、人の意見を受け入れるのが苦手。しゃべり方やしぐさは穏やかでテンポはゆっくり。五感は鋭く、本物を見極める目のある人。現実的なものの見方をし、特に金銭面、損得勘定には敏感です。

水星が 双子座 にある

言葉を自由に操る高速脳の持ち主

頭の回転が速く、好奇心旺盛。情報処理能力に秀でており、主にその才能はコミュニケーションや状況判断で生かされます。「誰とでもそつなく会話」「複数のことを同時進行でやり遂げる」「その場に合わせた臨機応変な対応」などはお手の物。文才もあります。ただ時に多くのことにかかわりすぎて精神を消耗。気分の変わりやすさやムラのある態度、飽きっぽさが表れることも。

水星が 蟹座 にある

感情をキャッチする高感度センサー

相手の考えや感情を感覚的に読み取ることができる人。感情面が優位で、感情表現も素直。共感した相手には自然に寄り添えるので、相手からも同じ共感や好意を引き出します。結果、幅広い年代の人から支持を受けることも。物事を吸収する能力にも長け、記憶力も高レベル。しかし、時に好き嫌いで物事を判断しすぎる一面も。気分に流されやすく、調子や行動のクオリティーが上下しやすいでしょう。

水星が 獅子座 にある

人心掌握術に長(た)けた自己アピール上手

華やかで人目を引く言動、物おじしない態度で自分の魅力をアピールする人。状況の主導権を握り、管理能力を生かして場のリーダーとなることも。表現力を創作の場で生かす場合もあります。ただ「そこにあるものを魅力的に伝えるのがうまい(演出力が高い)」ので、臨機応変な対応や物事の深い部分を読み取ることは苦手かも。人に対してありきたりな対応をしがちです。

水星が 乙女座 にある

秩序だった「正しさ」を好み、守る人

鋭い観察力や分析力を持つ、いわゆる頭の切れる人。行動は常に的確で計画的。特に事務能力に長け、細かいミスも見落としません。礼儀正しく、筋道の通った思考を好む繊細な人。完璧主義な面もあるため、ときに自分で自分にストレスをかけ酷使しすぎる傾向があります。人の失敗にも不寛容で融通が利きません。何事にも冷静でいられる分、自身の感情表現は苦手です。

水星が 天秤座 にある

常に「今ここでの最適解」を導き出す

幅広い観察眼があり、物事をバランスよく調整する才能を持つ人。要領がよく、特に人との距離感の取り方は絶妙。周囲の状況をよく読み、そこに自分の要求も入れてまとめるのが上手です。マネジメント業務や交渉事などで才能を発揮し、芸術的なセンスも高め。誰とでも適切に付き合えますが、自分の譲れない本音が自分自身でも見えにくく、ときに優柔不断に陥りがちなところも。

水星が 蠍座 にある

狭く深く……情熱を一つに注ぎ込む人

鋭い洞察力を持ち、物事の真実や本質を見抜く力がある人。集中力も高いため、一つ疑問を持つと徹底的に追求します。専門性の高いジャンルに適性があります。対人関係は少数精鋭で信頼関係を重要視。とっつきにくく口下手なタイプですが、その分、表面的な取り繕うことはしない人。言葉や態度はいつも本音でしょう。愛情表現も情熱的ですが、怒ったときの言葉も強烈かも。

水星が 射手座 にある

限界のない好奇心と探求心が持ち味

物事の深い部分に関心を持ちやすい、探求心旺盛な人。哲学や精神論、語学などは好んで学ぶジャンルかも。同時に気さくで開放的な気質の持ち主。誰とでもすぐに打ち解けるでしょう。場を盛り上げるのもうまいですが、気まぐれな面もあり、一度深く熱中し切ると関心はまた別に移ります。回りくどいことは苦手で、何でも素直に話し、疑問に思えばストレートに尋ねるタイプ。

水星が 山羊座 にある

目的意識の高い質実剛健タイプ

自分のやり方で物事を理解し、自分に必要なものを身につけようという向上心の強い人。いわゆる「できる人」。必ずしも感情表現は上手ではなく、そっけないですが適当なことは言わないし、約束事も守ります。計画的で無駄を嫌うので、それに反する考え方や行動をする人には心を開きません。人付き合いは得意ではありませんが、特定の目的や野心のためには急に意欲的になることも。

水星が 水瓶座 にある

常識の枠を超えた発想とリアクション

既存の概念に縛られず、新しい面白さや方法を見つける才能のある人。何かを深く探求し発明するジャンルに向いています。他人に対して平等意識が強くフレンドリー。基本的に誰にでも親切ですが、言葉や態度はざっくばらんで型にはまらないため、礼儀を重んじる状況や上下関係などは苦手かも。また時に発想が理性的すぎて、人の感情をうまく理解できない面もあります。

水星が 魚座 にある

感覚で読み取り丸ごと理解する人

自身の直感や想像力を生かし、感覚的に物事を理解する人。共感力が高く、多くのものを吸収し自分のものにできますが、自分の感じていることを理論的に表現するのは苦手。芸術系や人をケアするジャンルでは才能を発揮するでしょう。対人関係では、人からかわいがられやすいですが、悪い影響も受けやすいので、環境を選ぶことが重要でしょう。大事なことを忘れやすい傾向もあり。

恋したときに現れる愛情表現やフェロモンの有無
生きる上での喜びと快楽のスタイルを表す

♀ 金星

象徴するキーワード

美や愛情／快楽やエロス／生きる上での喜び／芸術的なもの／上品さ／平和／美意識／飽食や怠惰な心／美しい人／若い女性／金銭的に豊かな人

女性的エネルギーを示し、何を美しいと感じ、何に喜びを覚えるかを表す天体です。代表的な例は恋愛で、一般に女性においては「恋をした時の愛情表現の仕方」、男性においては「惹かれる異性のタイプ」を表します。月が「何に安らぐか」、水星が「何にワクワクするか」だとしたら、金星は「何にうっとりするか」でしょう。また惹かれる芸術のジャンルなど美意識の傾向や有無なども、金星から判断します。金星の力を損なうアスペクト（136ページ参照）があると、快楽主義で怠けがちな個性を生むこともあります。金運も金星の管轄です。

金星が牡羊座にある

好きなものは好き、嫌いなものは嫌い！

自分の思いや感情に正直で、ストレートに表現する人。物事の好き嫌いがとてもはっきりしていて、いいと思えば情熱的に追い求めるでしょう。追われることにはあまり興味がなく、いくら世間的に高評価な相手でも、好みでなければなびきません。趣味や好きなものにのめり込む時も全力で、労力もお金も惜しみません。気持ちが盛り上がっている時はいいですが、達成感を得ると熱が冷めることも。

金星が牡牛座にある

好きなもの美しいものを永遠に愛でたい

美しいものを見抜く感性が鋭く、審美眼が優れている人。芸術家に多いタイプで、自分がよいと思うものはとことん愛でて大切にします。一度よいと思うとその気持ちが変わりにくいのも特徴で、その対象にどっぷりとつかる傾向があります。恋愛では穏やかでやさしい相手が好み。永遠に関係が続くことを望み、一途ゆえに執着心が強すぎる一面も。倹約家ですが好きなものにはお金をつぎ込みます。

金星が 双子座 にある

常に興味を追いつつもどこかクールな人

好奇心旺盛で、新たな刺激に惹かれやすい人。新しい情報から有益なものを見つけるのがうまく、精神的な若さや柔軟性が人を惹きつけるでしょう。恋愛では駆け引きが上手で恋のチャンスが多いタイプ。ただ目移りしやすいので長期的な信頼関係を作りにくいかも。また、楽しそうにしつつ、心はどこかクールでドライ。お金に関しても気分屋で無駄な出費が多い半面、財産を増やす能力もあります。

金星が 蟹座 にある

好きな人はどこまでも大事にし守りたい

「よく眠りよく食べて好きな人とのんびり過ごす」といった、当たり前の日常生活を大事にし、そこに安らぎや心地よさを感じる人。マメで愛情深く、好きな相手には積極的に世話を焼きます。性別にかかわらず母性的な愛情が強めですが、ときにやりすぎておせっかいになったり、相手を甘やかしすぎる傾向が。家族愛や地元愛も強いでしょう。お金遣いは庶民的ですが、ときに散財することも。

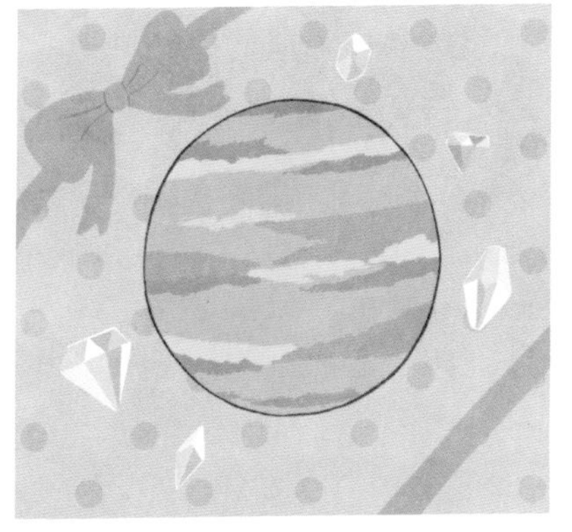

金星が 獅子座 にある

どうせ生きるならドラマチックに！

華やかでドラマチックなものを愛する人。プライドは高く、人から憧れの対象となる自分でいることを望み、そのための労力やお金は惜しまないでしょう。美しいものや高級品が好き。恋愛面も同じ傾向で、華やかで人目を引く相手に惹かれがち。恋愛至上主義者も多く、自分を主人公として波乱も楽しむタイプ。食べたり飲んだりの快楽も好き。金運やギャンブルの運は強いです。

金星が 乙女座 にある

居心地がいいのは美しく整った世界

理路整然とした状態を好む人。雑然とした状況や混乱は苦手で、片付けや空間作りの才能があります。恋愛面では節度や清潔感を重要視し、愛情表現は控えめで純粋。特に精神的な愛情やプラトニックな関係に憧れを抱きがちなため、生々しい愛には嫌悪感を抱くことも。同時に、案外現実的な面もあり、相手をスペックで判断する場合もあります。金銭面では計画的で堅実です。

金星が 天秤座 にある

美しいと思えるものだけそばに置きたい

高い美意識を持ち、それを追求する人。芸術品や装飾品など、美しいものを愛し、そのためならお金も惜しみません。美意識に反するものは受け入れられないでしょう。恋愛対象にも外見的美しさを求め、自分と釣り合うことに重きを置きます。基本は受け身で愛されたい人。多くの場合、自分自身も魅力的で駆け引き上手ですが、衝突を避けがちなので、深い関係を築きにくい一面が。

金星が 蠍座 にある

自分だけの特別な運命を求める感性

物事の奥にある深いメッセージ性や真実に惹かれやすい人。「自分だけがそのよさに気付いた」と思えると、運命を感じやすいでしょう。好きになるとどっぷりハマり、恋愛面でも同じ傾向です。基本的に、特別な一人を求め、好きな相手には純粋な愛情を注ぎます。しかし一途ゆえに思い込みも強く、愛が転じて憎しみに変わることも。お金遣いは慎重で金運が良好な人です。

金星が 射手座 にある

内なる「野生」のままに情熱的に

未知なるものへの憧れを秘めた冒険心の強い人。新鮮でワクワクするものに惹かれがちで、情熱の赴くままに行動します。恋愛面も非常にアクティブ。いいと思えば即行動を起こし、狩人のように情熱的に追い求めますが、関心が薄れるのも早い傾向。執着心も薄くゲーム感覚な一面も。恋愛トラブルを起こしがちなので要注意。お金は浪費しますが、使う分だけ稼ぐ人です。

金星が 山羊座 にある

簡単には廃(すた)れないものに価値を置く人

伝統や時間に価値を置く人。古典芸術やヴィンテージなど歴史あるもの、格式のあるものが好き。「つくりの丁寧さ」「機能美」もツボです。恋愛でも古典的な美しさ、上品さ、奥ゆかしさに惹かれるタイプ。一途で心変わりしませんが、情熱を表現するのは苦手で、罪悪感を覚えがち。ときに愛より財産や名誉を求める即物的な面も。お金は好きでよく稼ぎ、貯め、増やし、使うときは使います。

金星が 水瓶座 にある

どこまでも自分らしくオリジナルでいたい

ユニークで独自性のあるものに興味を持ち、愛情を注ぐ人。人と違う存在でいたいという思いが強く、自分をそう見せる服装やメイクを好み、それが似合うタイプです。愛情を抱くのは友愛的で自由な雰囲気のある人。束縛を嫌い、友情と愛情の差があまりないかも。好む相手も性別、年齢などに縛られません。お金には関心があり、新しい情報を随時つかんで運用する才能も。

金星が 魚座 にある

好きな相手とは一つになりたいと願う人

儚(はかな)いものに惹かれやすい、ロマンチックで繊細な感性の人。恋愛至上主義で好きな人に影響を受けやすく、相手によって趣味や生き方も変わります。愛する人と一体化したいという願望を持ち、癒し力も強い人ですが、自己犠牲的な性格が強いので問題があってもなかなか断ち切れません。誘惑にも弱いでしょう。金銭面はルーズで何かと浪費しがち。自己管理能力が必要です。

「どう戦って自分が望むものを勝ち取るか」
バイタリティーと挑戦欲、攻撃性の傾向を表す

♂ 火星

＊象徴するキーワード＊

肉体的な活力やエネルギー／情熱／挑戦／勝利／攻撃性／征服欲／短期／暴力的／障害やトラブル／若い男性／運動選手／体を使う職業の人

男性的エネルギーを表し、積極性や生命力の象徴です。その人の持つ攻撃的側面や挑戦の意欲、判断の速さ、健康面の強さ、性的欲求の強さ、勝負運の有無を表します。また男性においては「恋したときの愛情表現の仕方」、女性においては「惹かれる異性のタイプ」も表します。争いやトラブルも火星の管轄であるため、起こしやすいトラブルや問題をどう克服するかの方法も火星から判断できるでしょう。「何によって意欲が湧くか」「闘争心を感じたとき、どう行動するか」と解釈するといいかもしれません。火星の個性を生かせれば強力な武器に、できなければフラストレーションの原因になりがちです。

火星が 牡羊座 にある

攻撃力抜群の暴れん坊系キャラクター

好戦的でエネルギッシュな野性味のある人。行動に移すまでの瞬発力は抜群で、危険なことにも自ら進んで飛び込むので、競争にはめっぽう強いでしょう。ただ、行動に移すのが早いため勘違いやミスも多く、やり方が強引なせいで周囲との問題も起こしがちです。恋愛も惚れっぽくストレート。ある意味手段を選ばない強さがありますが、いったん性的な関係を持つとすぐ飽きることも。

火星が 牡牛座 にある

手にしたものは放さない難攻不落の人

一見温厚、でも実は守りが非常に堅い頑固な人。本来は争いを好みませんが、安全や大事にしているものが脅かされたとき、断固たる力を発揮しそれを死守します。忍耐強く持久力も強め。温厚な分、いったん怒ると止まらない傾向が。所有欲も大変強く、好きになった相手に執着します。嫉妬心や独占欲も強いでしょう。性的なエネルギーも強く、それに翻弄されてしまうことも。

火星が 双子座 にある

問題は機転と直感でふらりとかわす

俊敏で好奇心旺盛。物事の判断が速く器用で、せわしなく動くので落ち着きがない印象を与えます。元気はありますが、気分に左右されやすく持続力は低め。精神的疲労は大敵です。問題にぶつかったときは事前に察知して避けるか、巧みにかわします。恋愛は好奇心からはじまり、それが満たされると冷めやすいでしょう。性的なことには関心が薄め。興味のある対象が変わりがちです。

火星が 蟹座 にある

デリケートで守りが堅い内弁慶タイプ

直感が鋭く、防衛心の強い人。周囲に対して常に警戒心を持ち、アンテナを張って、自分自身や大事な誰かを守ろうとします。その分よく気が付く人ですが、過剰になると、転じて感情的＆攻撃的になりやすい面も。知らない相手にはよそよそしい分、親しい相手にはわがままになります。性的にも少々臆病で、好きな相手には安心を求めます。健康面では心配しすぎに注意です。

火星が 獅子座 にある

褒められたい、注目されたい情熱家

情熱的でプライドが高く、自分を表現したいという思いの強い人。元気な時は明るく、周囲を巻き込んで120%の力を発揮。難しい局面も乗り越えます。その反面、意に沿わない展開があると気力が半減、攻撃的になることも。好きな相手には甘く、反目する相手には厳しいでしょう。恋愛面では褒め言葉に弱く、性的にもその気になりやすいですが、一度自信を失うと回復には時間がかかります。

火星が 乙女座 にある

情報と観察力で難局を乗り切る知性派

冷静で観察力に優れた勤勉な人。管理能力に長け、規則正しい日常を送ります。感情的になることは少なく、面倒事は事前に気付いて回避。腹を立てるのは、日常や自分の安全が侵害されたときでしょう。考えて対処する人で、攻撃力やスタミナは少なめ。劣悪で混沌とした環境はダメージになります。恋愛面では一途で潔癖な傾向。憧れから入りやすく、生々しい関係には尻込みしがち。

火星が 天秤座 にある

スマートな平和主義者で戦いは苦手

自分の中の怒りや攻撃性をストレートに表現するのを避ける人。平和主義であること、争う自分は美意識に反することがその理由です。問題は事前に察知し、巧みに避けます。勝負事で勝ちを譲ることが多いかも。実際には立ち向かわなくてはならない場面でも、傷つくことを恐れ、逃げてしまいがち。恋愛ではスマートな対応が持ち味で「楽しんでこそ恋」と考えるタイプ。つらいのは苦手です。

火星が蠍座にある

攻守ともに強力な不屈のファイター

生命力旺盛で心身ともにスタミナのある人。特に逆境に強く、不屈の精神力で不利な状況をひっくり返します。感情面では一度傷つけられるとずっと忘れません。人を敵味方で判断しやすいのも特徴で、いったん敵と認定すると容赦なく攻撃するでしょう。恋愛面ではフェロモンが強めで相手を惹きつける人。性的エネルギーも強めですが、性的なコンプレックスを抱きやすい一面も。支配欲も旺盛です。

火星が射手座にある

熱しやすく冷めやすい奔放な個性

強い衝動性とチャレンジ精神を持つ人。いわゆる「すぐその気になる人」で、瞬時に熱くなり行動に移したがります。人からの押し付けが嫌いで、自分で開拓することに喜びを覚えます。カッとなりやすいですが、怒りは長続きしない傾向。恋愛においても気になる相手にはすぐアタックするでしょう。原動力は主に征服欲で性欲も旺盛。しかし執着しません。奔放でモラルは気にしないタイプ。

火星が山羊座にある

緻密な戦略で確実に勝ちを取りに行く

強い野心と権力欲を持ち、自分の中のエネルギーを的確にコントロールして目的を達成する人。先に情報を集め作戦を立て、守るときと攻めるときを見極めて「ここぞ」という時に勝負に出ます。政治的なさじ加減もわきまえ、危険は的確に避けるでしょう。負けるケンカはしない主義。恋愛においては、基本的に奥手で感情の解放は苦手なものの、経験とともに欲求に忠実になります。

火星が水瓶座にある

空気を読まず自分の理想を曲げない人

自分の考えや理想があり、それを実現することに情熱を燃やす革新的な人。分析力に長け、状況の問題点を察知。解決のために努力しますが、「空気を読む」態度を取らないため、古い体制や組織の中では煙たがられがち。ときに勇敢でときにトラブルメイカーな人。恋愛においては友愛的で「男はこう、女はこう」という性差へのこだわりが低め。ややナルシスト傾向あり。型にはまろうとしません。

火星が魚座にある

最大の武器“直感力”で危険を回避

繊細で直感力の優れた人。争いを避けたい気持ちが本能的にあり、奉仕精神が旺盛。時に進んで犠牲になりますが、「最後は周囲を味方につけて争いに勝つ」スタイルなのかも。強さはもっぱら精神的なエネルギーとして発揮され、人の心を巧みに読み取り癒しを与えます。神経が疲れやすく強くないので、過酷な状況には不向き。恋愛では受け身で尽くすほうですが、つかみどころのない一面も。

どこで花開き、大きな実をつけるか
その個性の成長と発展の道筋を教えてくれる

♃ 木星

象徴するキーワード

拡大と発展／成長／豊穣／幸運と成功／正義と名誉／甘え／大雑把さ／肥満／成功した人／壮年期の男性／法律や宗教職／旅行業の人

一般に「幸運の星」と呼ばれる木星は、物事を拡大、発展させる力を持った天体。社会で「どういう方向性で能力を発揮し、成功するか」「どんな場面において、好意的に迎え入れられるか」を示しています。木星から得られる恩恵は、物質的なものよりは、名声や新たな可能性など、「自分の世界を広げてくれるもの」として現れることが多いでしょう。また木星はすでにあるものを拡大、拡張するので、よい影響力はその人自身の普段の過ごし方、努力に比例します。同時にあまりよくないものも拡大するため、自己過信や甘え、肥満には要注意です。

木星が牡羊座にある

揺らぎのない生き方が人に感銘を与える

自分の信念に基づき、挑戦を続けることで道が開ける人。結果はどうであれ、リスクを避けない姿勢が自身の成長や幸運をもたらすでしょう。自立心が強く、リーダー的資質も強め。様々な背景を持つ人たちを束ね、その中で中心的な役割を果たすことも。勝負運も強いので、スポーツや投資などのジャンルに適性あり。物事は集中して一気に行うと運が開けやすいでしょう。

木星が牡牛座にある

確実に経験を積み大きな実りを手にする

コツコツと努力を重ね、時間をかけて求めるものを得る力を備えた人。親しい人と築いた、等身大で穏やかな幸福を大事にしますが、同時に財産運もあります。長く続けてきたことがのちに大きく実って経済的に豊かになりやすいでしょう。金銭感覚にも優れ、専門職に就けば大きな成功を収めるかも。長期的視点を持ち、自分らしさを大事にしたやり方や生き方をしていくことが成功のカギです。

木星が双子座にある

多くを知り人と共有し時代の先端を走る

有益な情報と豊富な人脈を得る才能に恵まれた人。積極的に見識を広げ、周囲にとって楽しく役に立つことを発信していくと、それがそのまま本人の成功や評判のよさにつながるでしょう。明るさ、若々しさ、フットワークの軽さが持ち味で、マスコミや IT 関連、知的なジャンルに適性があります。時代の「新しいもの、旬なもの」が幸運を呼ぶので、アンテナを張ることをお忘れなく。

木星が蟹座にある

人を愛し大事にすることで自分も守られる

人とのつながりを大事にし、自分もそれに恵まれる人。縁ある身近な人たちに対し親しみとやさしさを持つことで、自然に引き立てられ名誉な役割を得ることも。それに感謝し一層努力すると、さらなる援助を得るでしょう。周囲に生かされるので、仲間意識を持つ組織や環境に身を置くのが◎。家族運も良好ですが、小さい領域にとどまらず親しい関係性を広げていく意識を持って。

木星が獅子座にある

明るく華やかな生き方で夢と希望を与える

世間の注目を集めるジャンルで活躍する能力を持つ人。人を惹きつける魅力があり、独自の自己演出能力でどこにいても目立つタイプ。人に希望や喜びを与えるエンターテインメント系に適性があります。人として華があるだけでなく、努力家でもあります。高いプライドに見合う実力を自主的につけることが重要でしょう。自信をつけることで運も強くなり、周囲からのサポートも得られるでしょう。

木星が乙女座にある

英知を極め広い世界や未来に貢献する

高い良識を持った聡明な気質の人。冷静かつ鋭い分析力を持つため、研究職に適性があります。自分のペースで学びを続け、トップクラスの専門知識をつけることも。社会に対する関心も高く、個人の欲よりは「社会の中で貢献したい」「周囲に必要とされたい」という思いを優先します。教育や政治にも適性があり、ハウスキーピングの能力もそなえています。全体的にそつのない人です。

木星が天秤座にある

人の和を大事にし美や穏やかさを体現する

人と人をつなぐジャンルに適性がある、平和的で上品なオーラを持つ人。親切心や善意を積極的に発揮することで人から引き立てられ、幸運を得やすくなります。同時に美しく洗練された外見、立ち振る舞い、生活のスタイルも幸運のカギに。持ち味を生かし、自然に笑顔でいられるよう心がけましょう。社交的な面が生かせる紹介業、結婚に関する仕事は◎です。

木星が 蠍座 にある

運命的な役割に従事し人を惹きつける

強い信念や使命感を持ち、自分が果たすべき役割を自覚すると、一気に強いパワーを発揮します。周囲からはときに思い込みが強すぎると見られますが、自分自身がそれを信じていることが重要です。結果、不可能と思われていたことを可能にし、評価や財産を得るでしょう。また独特のフェロモンで人を惹きつける側面も。カリスマ性が必要な仕事に適性があります。妥協なく生きましょう。

木星が 射手座 にある

異なるもの同士をつなぎ垣根を取り払う

新しい分野や領域を開拓する精神に富む、大らかな気質の人。偏見を持たず、未知なるものを積極的に学び取り入れようとするタイプで、自分の生まれから遠く離れた文化、環境に縁があります。国の範囲を超えた国際的な活躍もしやすいでしょう。また、夢中になって取り組むといつの間にかうまくいくという幸運な面も。挑戦心や好奇心を大事にし、守りに入らない姿勢が重要です。

木星が 山羊座 にある

伝統を重んじ着実な努力で野心を叶える

堅実な思考と行動力により、確実な成果を上げるべく努力する人。自制心と実行力に長け、実力で財産や名声を手にします。また、それに満足を覚えるタイプです。真面目なので環境を選びませんが、年長者からかわいがられやすいので組織内では成功しそう。古いものに造詣が深く大事にするため、伝統的なジャンルには適性あり。大きな会社もいいでしょう。短期戦より長期戦に向いています。

木星が 水瓶座 にある

常識を揺さぶり新たな未来を切り開く

既成概念に縛られない発想と高い理想の持ち主。「どうすれば社会や世界はよりよくなるか？」を日々自然に考え、実行しようとしています。しばしば組織からはみ出ますが、無理に人に合わせようとせず、独自性を大事にするほうが成功しやすいでしょう。博愛的で、年齢や性別を問わず幅広い人に支持されます。新しい技術、未来に関する仕事に適性があります。

木星が 魚座 にある

献身的に人を包み苦しみや欲を解き放つ

同情心と奉仕精神に満ち、困っている人や弱っている人に分け隔てなく力を貸すことで運を得る人。チャンスは分かち合い、人に限らずすべての存在に愛と慈しみの気持ちを持つことで、結果的に自分も守られるでしょう。人をケアする仕事、福祉などのジャンルに適性があります。また自分自身も穏やかでリラックスしていると、より魅力が増します。心身ともに「ゆったり」を心がけて。

生きる上での課題や試練の傾向を示し
限られた中で生き抜くすべを授ける

♄ 土星

＊象徴するキーワード＊

勤勉さ／ルール／制限／試練／縮小／時間／計画性／
努力と忍耐／克服すべきテーマ／年配の人／威圧的な存在／政治家

土星はその人や対象にとっての「難しい、苦手だと感じるもの」「抑制され、努力して克服すべきもの」を表す天体です。試練や忍耐のイメージで恐れられ、敬遠されがちですが、むしろ土星は「積極的に取り組めば、人としてレベルアップできる！」という要点を示しているとも言えるでしょう。また土星は、一つの星座に約 2.5 年ずつ滞在し、12 星座を 28 ～ 30 年周期で一周します。そうして「土星が自分の出生図の土星の位置に戻ること」は「サターンリターン」と呼ばれ、価値観が大きく変化する人生上の転機として重要視されています。

土星が 牡羊座 にある

自分のよさと未熟さを認めるところから

「自分の考えや思いを面と向かって主張すること」「時にはそれのために人と真剣に争うこと」に恐れや不安を抱く傾向がある人。自分の意見は受け入れられないと感じやすく、特に目上の世代には反抗的な態度を取りがち。助言を批判と受け取りやすい面もありますが、そこであえて耳を傾け、心を開くことで精神的に成長していきます。忍耐強さを養いましょう。

土星が 牡牛座 にある

今に固執せず自分の可能性を信じて

生活や経済面の安定を過度に気にして不安を覚えやすい人。必要以上に節約や貯金などを重要視し、状況が変わって何かを失うことを恐れます。新しい挑戦や冒険を避ける傾向も。また生活面でのこだわりも強く、食べすぎや飲みすぎなどの習慣を変えることも苦手でしょう。ただ実際には、一度何かを失って再び得るまでの経験で精神的に成長していきます。自分を抑圧しすぎないで。

土星が 双子座 にある

よく見よく考え自分らしい表現を見つけて

「面白がって推測でうわさする」「自分の印象だけで人を決めつける」など、軽率な興味本位のコミュニケーションに抵抗を感じる人。特に若いときは、自由に話せない、自分の気持ちを柔軟に伝えられないと感じることが多いかも。年齢を重ね経験を積むことで、自分の考えや理論を的確に表現できるようになるでしょう。実用的な学問や理論的な会話、言葉選びにセンスや才能があります。

土星が 蟹座 にある

人と自分の適切な距離感を学んでいこう

家族や親しい相手を大事にするあまり、それ以外の他人を警戒し排他的になる傾向があります。その傾向が強まると「友だちができにくい」「好きな人を束縛し、支配したくなる」という一面も。背景には愛情面の不安があり、愛を失うことを恐れ、愛されることを過度に求めます。また、愛情深さゆえに家族を重荷に感じる場合も。自分の心を受け入れつつ、同時に自分を客観視することが必要です。

土星が 獅子座 にある

本物の自信を獲得するために行動を

「抑圧的な状況にいるために、自分を自由に発揮できない」と感じやすい人。親や教師、自分の育った社会に対し反抗的になりやすいかも。人に認めてもらいたい欲が強いので積極的に自己主張しますが、いざとなると気持ちが萎縮し、なかなか自信につながりません。大勢で組むチームや組織は苦手。思い切って挑戦し、本物の自信を得て、自分で自分を認められると理想的。

土星が 乙女座 にある

等身大の自分を見つめ受け入れる努力を

几帳面で常識やルールからはみ出すことを過度に恐れます。「必ずルールを守らなくてはいけない」と育てられるケースもあり、その結果、完璧主義が高じて自分や周囲にも厳しくなりがち。失敗や人の期待に応えられなかった経験が尾を引き、体を壊すことも。そういう経験を経て、「人は完璧である必要などない」「ありのままの自分や人を愛していこう」と学んでいくでしょう。

土星が 天秤座 にある

「私は私をどう見る?」の視点を体得しよう

「人から自分がどう見られているのか」を過度に気にし、対人関係でストレスをためやすい人。「社会的にいいとされる態度を守る」「無難な態度に終始するので関係が表面的になる」「自分の容姿や態度を気にしすぎ、コンプレックスを抱く」といったことになりがちです。結婚に不安を覚えやすい傾向も。人とかかわる経験を重ね、真の自分らしさを体得することが課題でしょう。

土星が 蠍座 にある

「すべての経験に意味がある」という人生を

悲観的な人生観を持ち、失敗やトラブルに対し「運命だった」と思いやすい人。その結果、行動を起こすことに対し過度に慎重になり、大事な機会を逃してしまいがち。人を信じることにも恐れを感じやすく、嘘や裏切りなどのネガティブな経験をいつまでも忘れられません。本来は情熱的な人なので、自分を抑えすぎず気持ちを表に出し、行動を重ねることで不安をコントロールできるでしょう。

土星が 射手座 にある

型にはまらない個性をまず自分が理解して

探究心が強く学究的な気質ですが、既存の学校制度や学歴に関するスタイルには適応しにくい人。「頭はいいが学歴は低い」「技術はあるが試験に受からない」「経験値のわりに地位が上がらない」などです。漠然としたコンプレックスを持ちやすく、自由に学び冒険してみることを避ける面も。経験から学び、より自分を解放することで、適性に合った道を選び取ることができます。

土星が 山羊座 にある

「自分の心が本当に望むもの」に正直に

社会での義務を重要視し、強い野心を持って目標を達成しようとします。実務能力に長け、努力家で忍耐強く、富や地位を得ますが、プライベートは犠牲にしがち。自分の損得には敏感なものの、人の苦難には無関心な利己的な面も。基本は悲観主義者で、恐れが原動力となり自分を駆り立てますが、「幸福や安心のために真に必要なものは？」を問いかけることも必要でしょう。

土星が 水瓶座 にある

愛すべき環境、関係性を見つけていって

古い社会や習慣に対し批判的で、それに煩わされたくないという気持ちの強い人。真面目で向上心がありますが、自分らしくいたいという思いが強く、集団にはなじみにくいかも。長期間の旅に出たり一人で山奥にこもったりする場合も。ユニークであるがゆえに、孤独になりやすい傾向が。気持ちの折り合いをつけ、社会で人と深くかかわることで自分の才能を発見するでしょう。

土星が 魚座 にある

感性を生かす強い心と体の獲得が課題

純粋でデリケートな感性を持ちますが、それがゆえに傷つきやすく人生を悲観しやすいです。「社会の矛盾や嘘で深く悩み、未来への希望を持てなくなってしまう」「人に対して過度に配慮して言うべきことが言えず、犠牲を強いられる」という人も多いかも。悩んだ結果、体調を崩すこともありそう。心理学など学ぶことを通じて、客観的に自分や人を見る力をつけることがおすすめです。

膠着(こうちゃく)した現状を打破する変化の象徴
人生上の転機、改革のきっかけを表す

♅ 天王星

象徴するキーワード

変化／革新／独自性／独立／進歩／自由／ユニークさ／革命／爆発的な力／発明／専門性／発明家／博愛主義者

土星より遠い３天体「トランスサタニアン（土星外の天体)」の一つ。一つの星座間を約７年で移動するため、いわゆる「ひと時代」＝時代ごとの新たな方向性は、天王星の影響が大きいと言われます。天王星は「突然起こる思いがけない出来事」「その時代に新たに生まれてくる創造的・革新的なもの」の象徴で、人の人生では「自分の理解を越えた突然の変化」「それをきっかけに意識が大きく変わる人生上の革新的なジャンル」を表します。「自分を変えたい」「変わらなくちゃいけない」と強く感じる時は、天王星の影響を受けている、もしくはその力を必要としている時です。

天王星が 牡羊座 にある

開拓精神旺盛なチャレンジャー

独立心が強く、自分の力で新しいものを生み出したい、状況を切り開きたいという意識の強い人。挑戦を恐れませんが、既存のルールや習慣を無視しやすく、年長者や権力者とは対立しがち。新しいことを開拓するのに向き、保守的な環境では居心地が悪いでしょう。前向きですが、思慮が足りず挫折も多そう。「計画性を持つ」「人に対し礼儀正しくする」ことが重要なタイプ。

天王星が 牡牛座 にある

変化に強い的確なリスク管理が必須

現実的なものの考え方をし、変化を好みません。突発的な展開や事件に弱いため、生活を管理しトラブルを防ごうと慎重な行動を心がけます。頑固で新しいものは疑ってみるタイプ。ただ、緊張が続くと急に感情的に爆発したり、培ってきたものを突然失ったりということも起きやすいかも。投資等で財産を増やすセンスもありそうですが、一気に失うことがないように注意が必要でしょう。

天王星が双子座にある

軽快に動き続けるアイディアマン

フットワークが軽く、日々新しい考えや革新的なスタイルを柔軟に取り入れる人。軽い気持ちで取り入れたことが日常に転機をもたらすことが多く、多少浮き沈みはあっても、積極的に動き続ける限りは物事を好転させることができます。革新的なものにヒントを得て、鋭いひらめきや型にはまらないアイディア力を発揮。テンポが速く、ややぶっきらぼうな話し方をすることも。

天王星が蟹座にある

環境を固めすぎず柔軟な生き方を

保守的な性質ですが感情面でムラがあり、そのときによって気分や考え方が変わりやすい傾向があります。身近な環境が変わることにストレスを感じやすく、結婚や引っ越しなどポジティブな内容でも心の負担になる可能性あり。ただ、そういうタイミングこそ大事な転機になり得るので、気持ちを明るく前向きに保ち、変化を肯定的に楽しんで受け入れられる柔軟性がほしいところです。

天王星が獅子座にある

変化に乗って飛躍するパフォーマー

想像力豊かで自分に自信があり、楽しむことに対して熱心な人。既存の権力や社会の仕組みに対しては得てして反抗的。改革精神に富み、積極的に状況を変えていこうとします。大胆でパフォーマンスがうまく、大勢の心をつかみ、リーダーシップにも長けていそう。一方で、ときに傲慢で調子に乗りやすく、きちんとした考えや計画がないまま動きがち。時代に支持されないと生きにくい人です。

天王星が乙女座にある

発見、改良の才ありの観察オタク

観察眼や分析力に優れ、「今あるものよりよい方法」を発見できる人。特に生活面、健康面に関しては独自の考え方を持ち、自分らしいスタイルを貫きます。仕事面では効率的なスタイルが好み。オタク気質で、興味の湧いたことに関してはとことん知識を極めます。冷静で批判精神も旺盛ですが、思いがけないものにもハマります。急な体調不良には気を付けましょう。

天王星が天秤座にある

新たなパートナーシップの求道者

一対一の人間関係に新たな価値観を熱望する人。対人関係のバランス感覚がよく、相手と対等な関係であることを重要視します。実際、結婚などのパートナーシップが人生上の大きな転機になる場合が多いでしょう。夫や妻など役割が固定した関係は好まず、事実婚や別居婚など新しいスタイルを選びがちです。美意識が強く、ファッションに独自のセンスを発揮することも。

天王星が 蠍座 にある

人と命に対し尽きぬ興味を抱く人

人間やそれにまつわる生や死、その意味について深い興味を抱く人。相手を大事に思って深くかかわるあまり、そのために生じるネガティブな感情も抱えがち。ときに爆発し、容赦ない手段で状況を打破することも。それによって転機を得ますが、極端になりすぎないように注意。親しい相手には親身でも、第三者には冷淡かも。霊的な力やオカルティズムに惹かれる傾向もあります。

天王星が 射手座 にある

時も空間も越えて好奇心を拡大する人

新しいものの考え方や生活スタイルを求める意識が強い人。異文化への関心も強く、旅行や移住、外国人とかかわる場面で本領を発揮しそう。向学心旺盛で伝統的なものにこだわらず、新たな価値観を幅広く身につけ、時代と自分自身を革新的に変えていくことで転機を生み出します。仕事や家を次々と変える傾向があります。頭や神経の長時間の緊張と酷使には気を付けて。

天王星が 山羊座 にある

野心に正直になることが突破のカギ

真面目で現実的な思考の持ち主ですが、同時に神経質で不安を感じやすいです。物事を先回りして考え、問題を最小限にしようとします。賢く指導力にも恵まれるものの、やや大胆さや自主性に欠けるため、今の状況を大きく変えるものを避けたがるでしょう。職業上の変化や立場、役割の変化が転機につながりやすい傾向が。野心に正直になり、思い切った行動に出ることで悩みが吹っ切れるかも。

天王星が 水瓶座 にある

未来的思考が備わった究極の自由人

オリジナルの考え方や価値観を持った極めて自由な性質の人。視野が広く、平等精神が強め。人の考えを尊重し、考えの合う相手とは仲間になって協力し合います。地球の平和や人類の幸福にも強い関心あり。組織や団体のやり方には合わせられませんが、その分、よりよい独自のやり方を追求して時代を変えていきそう。フレンドリーですが同時にクールなところもあるので、他人を束縛しません。

天王星が 魚座 にある

繊細な感性を持った第六感の申し子

穏やかでやさしい気質の人。直感が非常に鋭く、人の感情や社会の動きまで敏感に察知し、感覚的に物事を判断するでしょう。いわゆる霊感や第六感が働く場合も。自然を愛し、スピリチュアルなジャンルへの関心も高そう。何かに入れ込むとそこに深く集中し、エネルギーを使い果たしてしまうこともあります。自身の生活や健康面を含め、現実的な日常も大切に。

感受性がもたらすイメージやセンス、超感覚
無意識がもたらす力の強さと方向性

♆ 海王星

象徴するキーワード

想像力／想像力（映像、音楽、香り）／無意識の世界に通じるもの（夢、霊的感覚、心理）／あいまいさ／癒し／海や液体／酒／薬物／海洋関係者／芸術家／ヒーラー／俳優

「トランスサタニアン」の一つ。一つの星座を約 13 年かけて移動し、世代ごとの感じ方の差などを生み出します。海王星はイメージがもたらすもの、目に見えない感覚的なものを象徴する天体で、想像力とかかわるもの（映像、音楽、香り）、無意識の世界に通じるもの（夢、霊的感覚、トラウマ、心理）はその影響下にあります。海王星は私たちをうっとりさせ、癒しを与えますが、何かに依存させ不安感を強めるのも海王星です。また、最も代表的な海王星的存在は「海」。海の与える安心感とすべてを飲み込む力を連想すると、海王星をつかみやすいかも。

海王星が 牡羊座 にある

人生に興奮と高揚感を求める人

理想を追求するホットな精神の持ち主。心身ともに鍛えることに関心が強く、精神的に強い自分でいようとします。弱いものを助けたくなる正義感、義侠心（侍スピリット）も旺盛。何かの戦いやスポーツの試合など、激しい争いによる勝ち負けや熱狂に深い満足を覚えやすいかも。平凡な生活では飽き足らないタイプ。スリルを好む性格ゆえに賭け事にハマると危険です。

海王星が 牡牛座 にある

自分独自の美学を大事にする美食家

五感に優れ、鋭い感覚を生かして芸術系の才能を発揮する人。味覚も優位で美食家傾向。美しいもの、おいしいものから癒しを得ますが、度を超すとそこに耽溺して現実を直視できなくなる可能性が。明確な自分の美学を持つ反面、自身の感情や考えはあいまいなままにしておきがち。嘘の多い相手や事柄を一度信じてしまうと、なかなか気持ちを切り替えられないかもしれません。

※海王星は 1846 年に発見され、運行周期は約 165 年。2011 年にようやく 12 星座を一周したばかりなので、まだまだ解明の途中です。

海王星が 双子座 にある

繊細かつ巧みな言語感覚を持つ人

鋭い直感力と優れた言語感覚を持つ人。会話や文学面での才能があり、同時代の人々をうっとりさせるような優れた作品を残す可能性がある反面、言葉で自分を偽る、気軽に人を騙すこともやりがちです。いろいろなことを感じ取る力がある分、頭や心は疲弊しやすいかも。身近な人間関係、兄弟姉妹間ではもめ事が多そう。人との距離感には注意が必要でしょう。

海王星が 蟹座 にある

大きな母性と包容力を持つ庇護者

想像力豊かで穏やかなやさしいムードを持っている人。母性的な愛情や同情心が強く、分け隔てなく人を包み込みます。感受性も強いので音楽や映画などの才能にも秀でていることも。言葉を使わずに心を通わせる能力があり、小さい子どもや動植物とも仲よくなれるでしょう。ロマンチックな人柄で、厳しい現実からは逃避傾向があり、何かに依存しやすい特徴もあります。

海王星が 獅子座 にある

日常にドラマを求め自ら盛り上げる人

明るく華やかで何かに鼓舞されやすい性格の持ち主。「正しいことができるはずだ」と信じ、よりよい世の中を求めて周囲を盛り上げ、行動を起こすことに興奮を覚えることも。恋愛には特別なドラマを求めるタイプです。波瀾万丈や身分違いの恋など非日常的なことに憧れる傾向も。基本的には明るく快活な性質ですが、地に足がつかず、行動が空回りしがちなところもあります。

海王星が 乙女座 にある

純粋で大きなものを求めるストイックな人

非常に純粋な一面と冷静で現実的な一面を併せ持つ人。背景として共通するのはある種の「理想を求める」気持ちですが、それが特定の考えや人に対する強い尊敬、崇拝、信仰となって現れたり、反対にそれを否定して「すべてのことは科学で証明できる」という考えに転じたりするかも。責任感が強く、物欲や性欲など個人の欲を優先することをよしとしない傾向も強いでしょう。

※ 1929 ～ 42 年生まれの人が該当します

海王星が 天秤座 にある

おちゃめで信じやすい快楽主義者

チャーミングな雰囲気を持ち、人を惹きつける人。享楽＆快楽主義傾向あり。美しいこと、楽に生きることに憧れ、それを原動力に新たに洗練されたものを生み出します。真面目な努力や勤勉さ、ストイックさを軽んじる面も。性的には早熟な傾向で、その場の空気を優先して物事を判断しがち。そのせいで何かと騙されやすいかも。付き合う人は選び、自分自身で考えることが大事です。

※ 1943 ～ 56 年生まれの人が該当します

海王星が 蠍座 にある

「真に信じられるもの」の台頭を求める人

目に見えないものへの強い感受性を持つ人。オカルティズム、心理学、スピリチュアルへの関心があり、畏怖する感覚を知っています。人の隠れた感情や思いを直感的に感じ取るセンスがありますが、具体的に人に寄り添うかというと、そうでもないかも。「現実の社会とは違う別の力が、今にこの世を圧倒する」という発想に陥りやすい傾向も。詐欺やカルトによるコントロールに注意して。

※ 1957 ～ 70 年生まれの人が該当します

海王星が 射手座 にある

「理想の自分」を求める永遠の旅人

先を見通す直感力に優れ、精神的な成長を人生の重大事と考える人。常に「理想の自分」を思い描き、それを追求しますが、具体的な方針やポリシーには欠けるため迷走しがちです。周囲とは違う自分でありたい意識も強め。ひとところに落ち着きにくいので、周囲から安定した理解や評価を得にくいかも。独特の視点や語学面でのセンス、海外との縁には恵まれています。

※ 1971 ～ 84 年生まれの人が該当します

海王星が 山羊座 にある

富や権力に憧れる野心家&夢想家

強い権力への憧れと現実に対する洞察力を持つタイプ。ただ、理想は高いものの、それを手にするための努力や具体的な道筋については漠然としがちなので、夢を現実にどう着地させ、現実面での行動につなげていくかがカギです。周囲の雰囲気に引っ張られるため、向上心のある優秀な人に囲まれるとよい影響を受けそう。また、問題や課題を先延ばしにしないように。

※ 1984 ～ 97 年生まれの人が該当します

海王星が 水瓶座 にある

世界や宇宙とつながりたい未来志向

物事に対する広い視野と人類愛的感覚を持った人。年齢や立場を問わず人とかかわり、意識を広げていくことに興味を持ちます。その分、現実的なテーマには関心が低めで、身近な社会や関係性に対する執着心も少ないでしょう。自分の内的世界が重要なため、孤独を恐れません。ただし、リアルな状況下での濃い人間関係が少なくなりがちな分、心身のタフさには欠けるかも。

※ 1998 ～ 2011 年生まれの人が該当します

海王星が 魚座 にある

やさしく傷つきやすい繊細な感性

霊的な感受性が際立つ人。鋭敏な感覚を持ち、物事を直感的に判断する傾向が強いかも。実際にスピリチュアルな能力を持つこともありそう。報われない愛や自己犠牲的なものに惹かれやすい面もあり、心身ともに傷つきやすいでしょう。周囲からのネガティブな影響も受けやすいので、対人関係や環境はよく選ぶこと。生活のリズムを健康的に保つのも大事です。

※ 2012 年～生まれの人が該当します

その命が持つ潜在的強さと弱さ、業（ごう）の姿
生まれ育つ時代から受ける影響や運命を表す

♇冥王星

＊象徴するキーワード＊

「生と死」／「再生と破壊」／目に見えない隠されたこと／激変／変容／前世／業／洞察力／生殖能力／黒幕／祖先／考古学者／解剖医

「トランスサタニアン」の一つ。「再生と破壊」「前世の記憶やトラウマ・業」などの言葉で表現されるこの天体は、私たちが日常的に意識できない（ほど深い部分にある）強い思い、抑圧されたエネルギーの象徴です。一つの星座を 15 ～ 20 年で移動し、星座を移動する際には時代的大変動、価値観の変化をもたらします。冥王星の力は「その生きている時代から受ける影響」としてより現れる傾向があり、同じ星座の冥王星を持つ人たちは、大きな時代の流れの中で人生上のテーマ、問題、運命を共有する「同志」と考えることもできるでしょう。

冥王星が牡羊座にある

「力こそ正義！」力がもたらす栄光と苦しみ

自分の思いを貫くためには過酷な戦いを辞さない、強力な自立心を抱く世代。既存の社会や権力者に対し反抗心を抱きがちですが、そうやって勝ち取るものこそ「真実」という思いがあるのかも。その経験の中で傷つき何かを失って初めてわかることが、この世代の真実なのでは。力こそ正義という考えが強いため、気の置けない仲間や心通う温かい関係を築きにくいでしょう。

冥王星が牡牛座にある

欲を飼いならし「自分の満足」を知る道筋

自分の中にある欲望に忠実で、強い執着心を抱きます。贅沢や物・財産を所有することにこだわりすぎ、時に自分の欲にがんじがらめになることも。理想や知性などの目に見えないものが信じられず、「自分の実際の感覚で感知できるものだけがすべて」と思いやすい一面も。根っこの部分には深い「飢え」があり、それが強い力となって自分を駆り立てるという側面がありそうです。

※冥王星は 1930 年に発見され、運行周期は 247 ～ 248 年。現段階ではまだまだ解明の途中です。

冥王星が双子座にある

「ルールの外に自分を置く」新しい価値観

今までの常識や理解の壁を破って、新しい考えや物の見方が登場しやすい世代。好奇心旺盛で知ることに強い情熱を持ち、科学技術の発明や新たな社会理念を生み出す可能性も。人に対しては、何ものにも縛られたくないという思いが強く、過去のタブーや禁止事項をあえて犯す側面もありそう。自由気まま、無軌道であることをかっこいい、粋だと感じるのかも。

冥王星が蟹座にある

家族や安心できる場所への思慕と葛藤

生まれ持った家族との関係、特に母親との縁が強い世代。家族や縁者との絆によって守られる半面、その絆が重荷となり、本人の精神的・物理的自由が阻害されることも。この場合「どう肉親と距離を取り、個人としての人生を見つけられるか」がカギです。反対に家族縁が薄く、そういう身内の温かさ、安定した生活や安心できる環境を渇望するという例もあり得ます。

※(1914)～1938年生まれの人が該当します

冥王星が獅子座にある

「人生は我が舞台」反抗心と生きる情熱

自分らしくあることを生きる最大の使命と感じる世代。既存の権力に従うことをよしとせず、強い集中力と自己信頼の力によって、大きなことを成し遂げようと奮闘します。自らを人生の主役と感じ、物事を人任せにしませんが、逆に集団の中の歯車となって大きなもののために尽くすことも経験するでしょう。人生を楽しむということに対しても貪欲でパワフルな世代です。

※1938～1957年生まれの人が該当します

冥王星が乙女座にある

人生の絶対的価値VS相対的価値

知的で計算高く、合理的なものの考え方をする世代。効率的に学び働く、高機能な自分こそ価値があると考えるところがあり、時代や社会もそれを要求しがちです。働き者で生産性の高さを誇りますが、同時に個人としての喜び、目的意識は後回しにする傾向が。困難の中で「真に自分が心動かされるもの」を見つけるのが課題でしょう。一人よりは集団の中で活躍するタイプ。

※1957～1971年生まれの人が該当します

冥王星が天秤座にある

「私とあなた」をつなぐ愛とその現実

伝統的な男女の役割や結婚の形に代表されるような、「人と人とのつながり方」に一石を投じる世代。そもそも結婚から人生上の大きな影響を受ける星の配置ですが、実際に男女間での対等意識が強く、結婚に対してもそれぞれ個人的なこだわりを持つことが多いでしょう。結果、事実婚や別居婚、非婚を選択する人も。同時に美意識が強く、外見的な美しさ、若々しさを維持することにも熱心な世代です。

※1971～1983年生まれの人が該当します

冥王星が 蠍座 にある

魂を揺さぶられて知る生と死の意味

底知れない情熱と体力を秘めた世代。過酷な状況やドラマチックな展開に強く、普段は穏やかで安定を好みますが、いざという時には身を挺(てい)して人を守り、難しい局面をひっくり返すでしょう。感情面では内にこもる傾向があり、強い思いほど自由に表現できず引きずります。しかし、深く傷ついた経験や人の生死など、心を深く揺さぶられる経験によって重要なスイッチが入る傾向も。

※ 1983 ～ 1995 年生まれの人が該当します

冥王星が 射手座 にある

「知ること」がもたらす効果と弊害

自身の理想の追求を重要視し、人生を拡大しようとする意識が強そうな世代。ただその道筋には困難が伴い、「物事への探究心が何ものかによって阻まれる」、もしくは「探究した結果、深い失望を味わい、方向転換を余儀なくされる」ということもあり得ます。その結果、人の意識は一気に進化し、想像もできなかった領域へ到達する可能性が。新たな知識や情報によって運命を切り開くでしょう。

※ 1995 ～ 2008 年生まれの人が該当します

冥王星が 山羊座 にある

常識の崩壊と新スタンダードの確立

力や権力に対する激しい情熱を持ち、ほしいもののためには有無を言わさず行動する世代です。基本的には堅実なタイプですが、型にはまった既存のやり方では満足できないか、反対に強力な保守的思考を持つか、どちらもあり得ます。自分の培ってきた価値観を一度崩されてからが、この世代の本番なのかも。「自分たちが新しいスタンダードになる！」と発奮しそう。

※ 2008 ～ 2024 年生まれの人が該当します

冥王星が 水瓶座 にある

自由を探究し理想の再構築を目指す

自由で平等な世界を願う気持ちが非常に強い世代。個人の欲よりも、広い意味での全体の利益、大きなテーマに燃えるタイプ。人生上で信じてきた理想が崩された時、大きな葛藤を抱えながらも精神的に成長していきそう。個人としては衣食住や家族関係など、日常的なことに対しては無頓着なタイプかも。対人関係は全体にフレンドリーで、しがらみや執着が苦手そうです。

※ 2024 年以降生まれの人が該当します

冥王星が 魚座 にある

傷つけられ、より強く再生する心と魂

鋭い感性とスピリチュアルな才能を持った世代。社会の中で起こる、何か心に深い傷や影を生み出すような経験が、この世代の人たちに深い影響を与えそう。それぞれに時間をかけて傷を癒し、新しい価値観や人との距離感、社会の在り方を模索していくのかも。芸術や心理学、オカルト、スピリチュアルなジャンルがこの世代の癒しと心と魂の再生に果たす役割は大きそうです。

10天体と年齢域

ホロスコープ上に登場する天体は、すべて私たち個人や状況の個性を表す要素ですが、その影響の大きさは常に均等ではありません。下の表の通り、10の天体にはそれぞれ、特別に活性化する時期があります。

天体	年齢域	内容
☽ 月	0～7歳くらい	親元で育つ幼少期。生きるための基本的な力、感情表現の仕方や生活習慣を身につける。
☿ 水星	8～15歳くらい	知性の発達期。友だちを作り物事を学び、対話の能力や状況への適応力を養う。
♀ 金星	16～25歳くらい	感受性の成長期。いわゆる思春期で性的分化が進む。各自の性的欲望が現れる。
☉ 太陽	26～35歳くらい	青年期。月、水星、金星の性質は統合され、太陽＝人生の目的に向かって動き出す。
♂ 火星	36～45歳くらい	太陽を含めた4天体の個性が一つとなり、物事に最も集中して取り組める時期。いわゆる働き盛り。
♃ 木星	46～55歳くらい	壮年期。個人的な達成をある程度終え、社会全体や後進の人たちに貢献するようになる。
♄ 土星	56～70歳くらい	成熟期。社会的な発展ルートから徐々に離れ、個人的な生活を重視し出す。ご意見番ポジション。
♅ 天王星	71～84歳くらい	段々と社会の仕組みからは逸脱した存在に。
♆ 海王星	85歳～	
♇ 冥王星	死後	

「天体の個性が年齢とともに積み重なっていく」とイメージして

誕生直後は、月が目立っている

まずは自分の中の月星座的な価値観で、生きていく上で、**最低限必要な自分の個性**（感情表現の仕方や「何をどうすれば安全か」といった感覚、衣食住の好みなど）の核を作ります。

↓

年月とともに、その上に水星や金星などの個性が順に足されていく

↓

太陽は4番目の登場

4番目ですが、影響力は最大で、ここではじめて**「自分はどういう人間であり、何のために生きるのか」**が見えてきます。太陽のエネルギーは**「自立心」（自分の力で生きていこうとする意志）**と連動しているため、その思いが強い人は年齢が若くても早くから太陽星座の性質を自覚しやすいでしょう。逆にそうではない人は、年齢を重ねても月や金星が司る感情や欲望に振り回されがちな面があります。

まーさ先生のこぼれ話

各天体の影響が強まる年齢までは、自分のホロスコープ内でのその天体の力をあまり自覚できないことも多いでしょう。特に火星より遠い木星、土星、天王星、海王星、冥王星は、なかなか自覚できないことが多いです。ですが、実際にその天体が活性化する年代に入ると、不思議とわかることが増えてきます。ホロスコープを一度読み解くだけで満足せず、時間を空けてまた見てみましょう。長期的に自分のホロスコープを何度も見ていくと、思いがけず理解が深まることもあるはずです。

年齢によって影響を受ける天体が変わる！

ここで、10天体と年齢域の話を補足したいと思います。76ページの表にある通り、月は赤ちゃんがおかあさんのお腹にいる頃から7歳くらいまでの期間に強まります。8～15歳に水星、16～25歳に金星の性質が足され、26～35歳にようやく太陽が登場し、その後は火星が36～45歳と続きます。これを西洋占星術では**「年齢域」と呼んでいます。**

順番に影響が強まっていくんですね。年代と天体のイメージが一致していて、10天体の印象がさらにつかみやすくなりました。

いいイメージのつかみ方ができていますね。

最初に登場するのが月っていうのも興味深いです。だから月は実家のようなものと例えられるんですね。

そうでしょう。続いて小学校入学から中学卒業くらいまでは、友だちができたり人との関係を広げたり、**知識や情報を蓄える年齢で、そこはコミュニケーションや知性の星である水星が司っています。**そして、**高校生から25歳くらいは恋愛したり、おしゃれに興味を持ったりするでしょう。恋愛や性的魅力を司る金星が活性化するからですね。**

その後、26～35歳になって太陽なんですね。自分の中心的存在を表す太陽が4番目というのが、ちょっと意外でした。

太陽は自分の力で生きていこうという自立心と深く結びついている天体なので、精神的に未熟だと発揮しにくいのでしょう。その前段階として、月、水星、金星の時代を経て「下地を作っておく」必要があるのだと思います。その後、社会に出て真の自分らしさや役割を見つける年齢と考えれば、太陽がここで登場するのも納得ですよね。そして次の 36 ～ 45 歳は、**人生の目標を見つけて集中して活動していく時代。**ここで、エネルギーの星である火星が影響を与えるようになるのです。

なるほど！　子どもの頃はおとなしかった子が、活発な大人にキャラ変することがあるけれど、もしかしてそれって 10 天体の影響なのですか？

それは大いにあるでしょうね。**影響を受ける天体の星座が変わると、違う面が表に出てくるから。**ただ、もしキャラ変したとしても、その性質はなくなってしまうわけではなく、登場する状況や影響の度合いが変わるだけ。その後も必要なときにはちゃんと表に出てきます。成長とともに、いい意味で複雑かつ奥深い人になっていくということですね。こうした自分の中にある 10 天体のイメージをより詳しくつかめるようになると、ホロスコープで読み解けることに感動して、西洋占星術のすごさを実感できるはずですよ。

それを楽しみに、星読みを学んでいきます！　ところで先生、もう一つ頭を悩ませていることがあって。太陽と月は、どちらも自分自身を表すと言いますが、書いてあることは正反対だったりして……。

これも諸説あるのですが、私の考えでは、太陽が表すのはその人の理想の姿、よい状態なんです。それに対して月は、疲れていたり弱っていたりするときを表します。太陽＝魂、月＝体、そんな違いもありますね。太陽と月がその人のバランスを取っているのだと考えてみてください。詳しくは次のコラムで紹介しますね。

COLUMN 1

太陽と月で生きやすさがわかる?

ホロスコープから感じ取る困難や矛盾はあなた自身の伸びしろ

太陽と月はどちらもその人の基本的な性質を象徴する天体で、その関係性は「生きやすさ」を示しているとも言えます。月は潜在的な内面を含めた自分のベースとなる部分。対して太陽は、自分が目指すべき理想の生き方と「自ら作り上げていく自分」。太陽星座と月星座の性質に大きなギャップがある人ほど、生きづらさを感じる傾向にあるでしょう。

例えば、月星座の性質は控えめで大人しいのに、太陽星座は自己主張が強い場合、「こうでありたい」と思う行動がなかなか取れず、モヤモヤを抱えがちになります。理想と現実の間で空回りし、「本当はどうしたいの?　自分の本音はどっち?」と、自分の真意がわからなくなることも多いでしょう。

しかし、それは非常に前向きな葛藤です。生きる中で「自分自身を知る」というのは最も大きなテーマの一つ。それを象徴するのが太陽と月のギャップですが、生きづらさゆえに悩めば悩むほど、自分について深く考える機会を得るでしょう。葛藤しつつもいろいろな角度から自分を見つめ直し、「どっちも自分なんだな」と認めて理解する経験。これが結果として一番人を成長させ、また自分以外の誰かを知る際の深い理解力にもなるはずです。

ちなみに、太陽と月のギャップに限らず、ホロスコープ上で困難を感じやすい配置はいろいろあります。しかし、どれも本人に対する重要なメッセージを秘めています。がっかりしたり恐れたりしすぎないように。その配置はあなたに特別に与えられたもの。希望を持って読むことも、あなた自身にしかできないのです。

第3章

ハウスを知る

いろいろなテーマを読み解くために
必要なハウスについて解説します。
学ぶことは多いですが、一つ一つ
順を追っていけば大丈夫です。

ハウスからは何がわかるの？

ほしみさん、ここまでの第1章では12星座（12サイン）について、第2章では10天体について勉強してきました。さあ、第3章では「ハウス」について学びましょう！

はい！　ハウスというのは、私がよく見ていた雑誌やテレビの星占いでは出てこなかった言葉です。

ハウスの意味を知ると、その人の仕事や家庭、恋愛といった人生上の様々なジャンルについて読み解くことができますよ。ではまず、自分自身のホロスコープをもう一度よく見てみましょう。円の中心から放射状の線が描かれて、円全体を12に分割しているでしょう？これがハウスです。

ほんとだ、ホロスコープ全体が1～12ハウスに分けられているのがわかりました。でも、ホロスコープの左端に「ASC（アセンダント）」の文字があります。これは何ですか？

ASCとは生まれた時間の東の地平線と黄道の交点のこと。ここから1ハウスがはじまり、2ハウス、3ハウス……と、12ハウスまで続いていきます。ハウスは次ページの図のように、4つのアングルをもとに作られました。ASCからICを3分割したものが1～3ハウス、ICからDSCを3分割したもの4～6ハウス……と続きます。

ハウスと4つのアングル

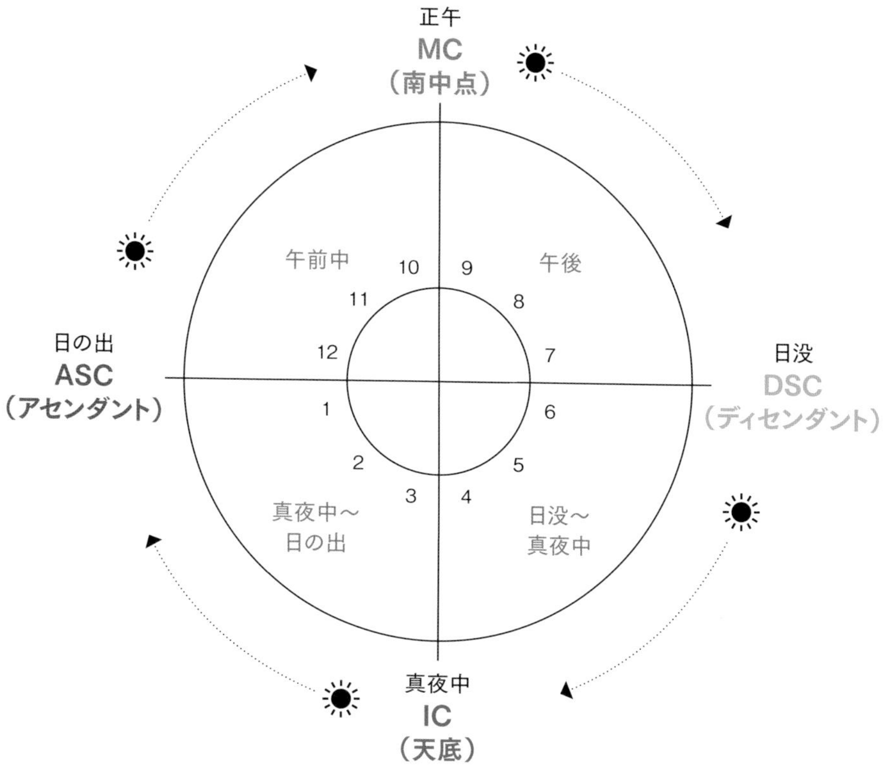

ASC（アセンダント）

第1ハウスの始点。自分自身や「その人が周囲からどう見られるか」を表す。主に生まれながらに持っている外見的な特徴や容貌や資質、放っているオーラや雰囲気を表す位置。

DSC（ディセンダント）

第7ハウスの始点。「どういう相手と人生上で深くかかわり合うか」を表す。人生上で大きな影響を与え、自分に成長を促す人、協力し合う人のタイプや傾向を示す。結婚相手が代表的な例。

IC（天底）

第4ハウスの始点。自分の居場所と感じられる状況やエリア、「その人が安心し安らげる状況」を表す。転じて生まれた&自分がこれから作る家族像、故郷、快適と感じる生活スタイルなど。素に戻れる場所です。

MC（南中点）

第10ハウスの始点。その人の社会的な活躍や貢献の形、その人が「社会的に何を成すか」を表す。適性がある職業（天職）や、最も社会的に注目されるスタイル、職業上での最高到達点などを表す位置。

自分自身とその存在感を表す
（本人の室、生命の室）

第１ハウス

ホロスコープのはじまりを表す１ハウスは、その人自身を示します。「生まれる際に与えられた肉体的特徴や容貌、雰囲気、人生に対する基本姿勢」「肉体的に受け継いだもの（体質）や行動のパターン」といった、その人生や事象の中で最も重要な要素を決定づけます。「その人が人からどう見えるか（容姿・印象・たたずまいなど）」も形作ります。

1ハウスにある

☉太陽

自己肯定感が高く
存在感が強い

強い存在感と自己肯定感で周囲の注目を浴びるタイプ。素直で行動力もあり、多くの場合、野心的です。生まれつき「自分の持っている個性を生かすすべを心得ている」というイメージ。魅力的ですが、ハードアスペクト*があると、自信過剰や視野の狭さが目立つ場合も。

*アスペクトは第４章で解説します。

1ハウスにある

☽月

繊細な感性で
人の心をつかむ

やさしさと繊細さが際立ち、そのきめ細かさが魅力と感じられるタイプ。感性がデリケートで人の影響を受けやすく、不安定になりがちですが、周囲が守りたくなる独特のオーラを発しています。ハードアスペクト*があると、心配性、肉体的に弱いなどの傾向が強まります。

1ハウスにある

☿水星

**頭の回転が速く
人心掌握に長ける**

好奇心が旺盛で、物事の把握が早い「頭の切れる」タイプ。情報を上手に扱い、自分の糧とする力があります。言語による自己表現も得意で、自分の考えや感情を適切に表現して人の心をつかみます。ハードアスペクト*があると、その話術が薄っぺらく、信用ならない印象に。

1ハウスにある

♀金星

**平和と美を愛する
芸術的感性**

穏やかで人から好かれる上品なタイプ。美しいものや価値あるものに惹かれやすく芸術的な感性も高め。審美眼に恵まれ、センスのよさも際立ちます。実際、容姿に恵まれ、愛想がいい場合も。ハードアスペクト*があると、面倒なことを避けたがる性格的な甘さが強めに出ます。

1ハウスにある

♂火星

**戦ってすべてを
勝ち取る情熱家**

挑戦心旺盛でエネルギッシュ。障害が多いほどファイトを燃やす自信家タイプ。人に指示されるのは苦手で、先頭に立って（一人でも）行動するほうを迷わず選択します。ハードアスペクト*があると、そのパワフルさが裏目に出て、視野が狭く人に対しても過度に攻撃的に。

1ハウスにある

♃木星

**寛容な態度で
周囲を安心させる**

穏やかで楽観的。視野の広さと寛大さを兼ね備えた個性です。いわゆる「貫禄がある」人で、品がよく、人に安心感を与えて、物事を成功に導きます。援助者や支持者にも恵まれるでしょう。ハードアスペクト*があると、その大らかさが適当さ、自分自身への甘さに変わることも。

1ハウスにある

♄ 土星

筋の通った姿勢が
周囲を刺激する

堅実でストイック。何事にも誠実に取り組み、器用ではなくとも長期的な視点で物事を考え、大願を成し遂げます。実年齢より年上＆経験があるように見えることも。ハードアスペクト*があると、自分を追い込みがち。コンプレックスが強く憂鬱(ゆううつ)な雰囲気を漂わせます。

1ハウスにある

♅ 天王星

常識の枠を超えた
奇抜な個性

見た目や言動がユニークで「変わった人」という印象を与えます。既存のルールに当てはまらない（時に意図的に破る）タイプです。頭が切れ発想力が豊か。個性を生かせば成功も。その反面、集団行動、共同生活は苦手。ハードアスペクト*があると偏屈で突飛、こだわりの強すぎる人に。

1ハウスにある

♆ 海王星

つかみどころのない
不思議ちゃん

ふんわりして夢見がちなタイプ。芸術的な内容やスピリチュアルなジャンルに惹かれる傾向。自分の意志を明確にしにくいものの、独特の感覚で難を逃れる才能も。厳しい現実に弱い。ハードアスペクト*があると、世間知らず度がアップ。人に支配されやすいので要注意です。

1ハウスにある

♇ 冥王星

ボスキャラ的存在感で
場を圧倒

支配的でこだわりが強く、独特の「圧」の持ち主。意志が強く、プライドも高め。周囲に流されない存在感があります。逆境に強く、難しい場面で状況をひっくり返すこともしばしばでしょう。ハードアスペクト*があると、傲慢さや嫉妬心が強まり、敵を作りやすい面も。

*アスペクトは第4章で解説します。

金銭物質への欲、稼ぐ能力を表す
（所有、財産、価値観の室）

第2ハウス

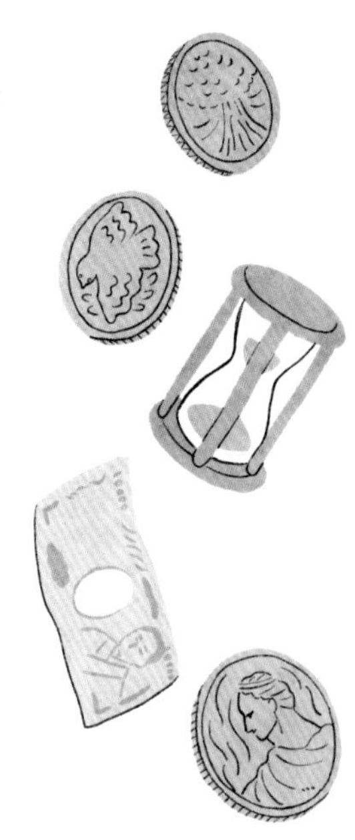

その人生において本人が大事だと考えるものを表すハウスで、「何に対して価値を置くか」「お金とのかかわり方」「物質的な欲の強弱と傾向」とイメージするといいでしょう。収入や稼ぐ能力、稼ぎ出せる財産、また、価値あるものを生み出せる「資本力（体力や時間など）」の有無、所有欲の傾向や強弱も判断できます。

2ハウスにある

☉太陽

よく稼いでよく使う
欲に忠実な存在

お金への関心の高さが目立ついわゆる金運が強い人。「物質的に豊かであること」が幸福につながると考えるタイプ。自分でも稼げますが、周囲の援助も得られます。使うのも好き。ハードアスペクト*がある場合は、派手な使いすぎ＆大盤振る舞いに注意です。

2ハウスにある

☽月

心とお金の動きが
連動するタイプ

お金や物質を得ることが安心につながります。金銭への関心は高いものの、気分に流されやすく、連動して収入や労働意欲も上下しがち。人をケアする分野、女性や子どもにかかわる分野に職業の適性があります。ハードアスペクト*があると支出が収入を上回りやすい面が。

2ハウスにある

☿ 水星

稼ぐための「引き出し」が多く 多芸多才

収入を得るための知識やセンスを習得しやすく、様々な職種において能力を発揮できます。特に適性があるのは、情報関連や言語にかかわる仕事、人と対話する営業、会計など。複数掛け持ちも◎。ハードアスペクト*があると、安易な方法で収入を得ようとします。

2ハウスにある

♀ 金星

お金の力でキラキラ輝く リッチな人

宝石や芸術品など美しく華やかなもの全般にセンスがある人。そのセンスを生かす職業に適性があり、お金持ちとの結婚により豊かな生活を送る場合もあります。お金遣いも華やか。ハードアスペクト*があると、ますますその傾向が強まりそう。過度の浪費、借金などにはご用心。

2ハウスにある

♂ 火星

一気に稼いで一気に使う 衝動性が強め

稼ぐことに積極的で「もらうものはしっかりもらう！」という意欲も強いタイプ。集中力はあるものの長期的な視点で物事を進めるのは苦手。リスクを恐れないため時に大金をつかみますが、ハードアスペクト*があると、ギャンブルや投資で無謀なことをやりがちに。

2ハウスにある

♃ 木星

信用を糧に安定した 豊かさを築く才能

一定の専門性や人柄から社会的信用を得て、安定した財産を得る能力がある人。持っている財産を運用する力もあり、着実に豊かになっていきます。豊かな感性から芸術の援助者になることも。ハードアスペクト*があると、必要以上に贅沢＆浪費をしてしまう傾向に。

*アスペクトは第４章で解説します。

2ハウスにある

♄ 土星

地道な倹約家
ストイックになりすぎ注意

金銭や稼ぐことに対し非常に真面目で、コツコツと長期的な視点で取り組み、確実な収入を得るタイプ。努力家ですが、大きく稼ぐことへの恐れや罪悪感が強い場合も。生活面もストイックな傾向です。ハードアスペクト*があると、倹約がすぎて、経済的に困窮することも。

2ハウスにある

♅ 天王星

波瀾万丈を好む
ギャンブラー気質

乱高下のある激しい金運。突然大きなお金をつかんだり急に失ったりしがち。価値観もユニークで、アイディア力や発明の才、特殊なスキルで収入を得やすく、自身もそういうものにお金を使います。ハードアスペクト*があると金銭トラブルの傾向あり。慎重さを持って。

2ハウスにある

♆ 海王星

お金・利益に
関心薄めの芸術家肌

お金への関心が薄く、財産を残すことへの関心がないタイプ。財布のひもがゆるく、稼ぐ以上に好きに使ってしまいがち。感性はとても豊かで芸術関連で仕事を得ることも。ハードアスペクト*がある場合、過度の借金や詐欺に注意。甘い言葉に乗せられやすいタイプです。

2ハウスにある

♇ 冥王星

ケタ違いの金銭感覚
財界の黒幕タイプ

欲が強く、金銭への執着心も強い人。稼ぐことに生きがいを感じ、時に大胆な判断で投資して財産を築くことも。権力欲が強いので、大きなお金を動かす立場になりやすいでしょう。ハードアスペクト*があると、そのために手段を選ばないことも。結果として、敵も増やします。

知的好奇心、コミュニケーションを表す
（知性、情報、伝達の室）

第3ハウス

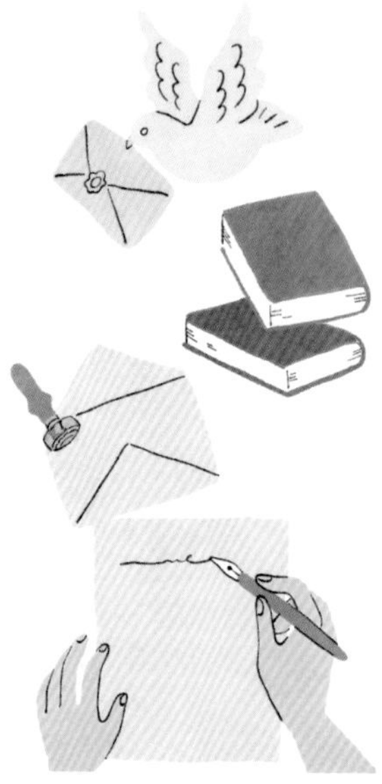

「何に関心を持つか」「周囲と対話するときどういう態度、方法で向き合うか」を表すハウス。その人の知性がどういう形で現れ、情報を得て、周囲や状況に対する理解を深めていくか。「自分が外の世界に踏み出す際の第一歩をどうやるか？」とイメージしてもいいでしょう。学習能力や初等教育、また隣人や兄弟、短い旅行なども表します。

3ハウスにある

☉太陽

知り、伝達することに
喜びを覚える

好奇心旺盛で、物事を知り、学ぶことに積極的な性質。言語能力に優れ、教育分野でも活躍しやすいでしょう。頻繁にあちこちを飛び回る日常を送りがちで、身近な人との対話から多くを得ます。ハードアスペクト*があると、自分の知識に自信過剰になりやすい面も。

*アスペクトは第４章で解説します。

3ハウスにある

☽月

言語外の情報を
受信する能力あり

繊細な感性を持ち、人の意図することを敏感にキャッチできるタイプ。共感力があり、自分自身も周囲から深く理解されることを求めます。想像力豊かで、アート面で才能を発揮する場合も。ハードアスペクト*があると、人から影響を受けやすく気まぐれな性質に。

3ハウスにある

☿ 水星

情報を力に変える コミュニケーター

知的好奇心が強く、幅広い人と楽しく会話できる頭の回転のいい人。言語能力に優れ、文才もあります。本や映画、旅行など様々な経験から刺激を受け、大きなインスピレーションを得ます。ハードアスペクト*があると言葉が薄っぺらく、理屈っぽくなりがちです。

3ハウスにある

♀ 金星

芸術を愛し優れたセンスと 教養を持つ人

人当たりがよく社交的能力の高い人。向学心も高めですが、特に文学や音楽などへの関心が高く、また自身も教養のある相手と縁が生まれやすいでしょう。洗練された人というイメージです。ハードアスペクト*があると、人に嫌われたくなくて八方美人度が高まります。

3ハウスにある

♂ 火星

知識を自分の武器に変える 行動派

知識欲とエネルギッシュな語り口が特徴。知識を知識で終わらせず、現実的な状況の中でそれを活用したいと思うタイプ。しばしばリーダー的立場に立ち、人の心をつかみます。熱くなって突っ走る傾向あり。ハードアスペクト*があると、人との口論が増えます。

3ハウスにある

♃ 木星

恵まれた環境から 多くを学び力に変える

身近な人間関係や環境に恵まれ、自然に知る喜びを体得しやすい人。幅広い教養や思慮深さが特徴的で、教育関連や文筆業などに適性ありです。旅との縁も深く、旅から重要なヒントを得ることも。ハードアスペクト*があると、関心の幅が広すぎて散漫になります。

3ハウスにある

♄ 土星

**時間をかけて
学び大きく成長する**

コツコツと何かを学ぶのに向くタイプ。のみ込みは早くないものの向き合い方は誠実で、時間をかけて高レベルのものを習得。周囲の信頼を得ます。対話や学習に苦手意識を持つ場合も。ハードアスペクト*があると、頑固で保守的な思考で、知性へのコンプレックスが強めに。

3ハウスにある

♅ 天王星

**周囲とは一味違う
天才肌の感性**

ものの考え方や言動がユニークで型にはまらない存在。特に革新的なアイディアを生み出す能力が高く、保守的な人には理解されにくいのですが、そこはオリジナリティーで勝負するタイプ。ハードアスペクト*があると、衝動的&独特すぎて個性が理解されにくい場合も。

3ハウスにある

♆ 海王星

**「考えるより感じる」
感性優位の人**

物事を感覚的にキャッチする能力に秀でた、共感力の高いふんわりした印象の人。絵画や映画、音楽など芸術への関心、適性が高い反面、言語での表現や論理的思考は苦手かも。ハードアスペクト*があると、言うべきことが言えず、人に付け込まれやすい印象に。

3ハウスにある

♇ 冥王星

**見抜く力や状況を
操る力が強力**

深い洞察力で場の本質をつかみ、より自分の望む方向に動かす力があります。その発言には独特の圧があるため、交渉事にも強いでしょう。深い探求心でそのジャンルを極めることもあります。ハードアスペクト*があると、人や状況を過剰に支配したがります。

*アスペクトは第4章で解説します。

生活環境や家族、家庭の様子を表す
（生活、家族、基盤の室）

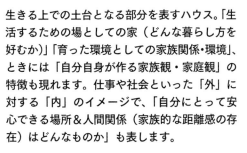

第4ハウス

生きる上での土台となる部分を表すハウス。「生活するための場としての家（どんな暮らし方を好むか）」「育った環境としての家族関係・環境」、ときには「自分自身が作る家族観・家庭観」の特徴も現れます。仕事や社会といった「外」に対する「内」のイメージで、「自分にとって安心できる場所＆人間関係（家族的な距離感の存在）はどんなものか」も表します。

4ハウスにある

☉太陽

家や家族との生活こそ
人生の基盤

安定した家や環境を求め、そこを心のよりどころとする人。円満な家族関係や生育環境に恵まれ、自分もそれを築きたいと考えます。家族からの影響も強く、家系から何か大事なものを受け継ぐことも。ハードアスペクト*があると、受け継いだものを負担に思う可能性も。

4ハウスにある

☽月

家や家族は
心の深いよりどころに

家や家族との生活に精神的な安らぎを求める傾向の強い人。故郷や子ども時代の生活に愛着を持ちやすく、思い出を大事にする＆地元に戻る傾向があります。親との縁も深いでしょう。ハードアスペクト*があると、昔の親子関係がいつまでも影響しがちに。

4ハウスにある

☿ 水星

騒がしく活気のある環境を好む

賑やかで快活な両親に育てられたり、家に人の出入りが多く、レジャーや引っ越し、子ども時代の習い事など慌ただしい中で育ち、自分もそういう環境を好むタイプの人。成長後も地域になじむのが早いでしょう。ハードアスペクト*があると、家での時間やプライベートが希薄に。

4ハウスにある

♀ 金星

家族や家は常に甘えられる存在

恵まれた環境で、周囲からかわいがられて育ちやすい人。居心地がよく楽しくて華やかな家。愛される経験の多い家族関係で、自分もそういう家庭を築きたいと思いそう。ハードアスペクト*があると、居心地のよさから家族への甘えが強くなり、自立が遅れる傾向も。

4ハウスにある

♂ 火星

ストレスが多く自立を促す環境

家族関係や家の周辺で競争やトラブルが多く、子どもの頃からたくましく、自立心が育まれる傾向が。その結果、早くから家を離れることを目指し、積極的に学び、スポーツなどで活躍することも。ハードアスペクト*があると、家族に怒りを向けがちに。家での事故などにも注意です。

4ハウスにある

♃ 木星

家族に愛されのびのび自由に育つ

経済的に恵まれた環境で、愛情深く育てられるお嬢様タイプ。祖父母や複数世帯同居の大人数で暮らす傾向が。家にいると自由でのびのびでき、家族から精神的安定を得て、財産など物質的なものも受け継ぎます。ハードアスペクト*があると、世間知らずで身内にだけ甘い面が。

*アスペクトは第4章で解説します。

4ハウスにある

♄ 土星

精神的な強さや
忍耐力が養われる

厳しい親や伝統的な家業を持つ家などで育ち、家族とのかかわりや家族関係に束縛されやすいです。金銭的に厳しく難しい役目を負わされるなど、家で過ごすことが不自由に感じることも。跡継ぎになる可能性も高い人。ソフトアスペクト*があると、その経験で成長します。

4ハウスにある

♅ 天王星

家や家族に縛られない
人生観

ユニークな家族形態や環境で育ちます。その結果、本人の独立心を促し、特定の関係にとらわれない個人主義的な生活を好みがちに。親との関係の希薄さ、伝統的な家庭を築くことへの執着心のなさもありそう。ハードアスペクト*があると、仕事や家を転々とする場合もあります。

4ハウスにある

♆ 海王星

不安な中で育ち
温かさに憧れる

不安定で複雑な家や家庭環境の傾向が。家での時間で不安やさみしさを経験しやすく、自身が家庭を築くことに積極的になれない（具体的なイメージを持てない）面も。ただ温かい家に対する憧れは強め。まず現実の中で自分が心地よい生活を作っていくことが必要です。

4ハウスにある

♇ 冥王星

宿命的な状況の中で
真の自分を発見

家族関係や家の状況で運命的な何かを経験し、受け継ぐ傾向が。財産や家業のほかに「自分を犠牲にせざるを得ない事態」がもたらされることも。その経験（傷）を、自身が築く家族で埋め合わせようとします。ソフトアスペクト*があれば、望む家庭環境や生活を手に入れられます。

愛と楽しみ、自己表現力を表す
（愛と創造性、娯楽の室）

第5ハウス

「自分の存在を認めてほしい、生きる喜びを表現したい」というエネルギーから発生するものを表すハウス。代表例は恋愛や出産＆子育て、自己表現としての芸術や創作活動、喜びを感じる娯楽やレジャー、ギャンブルなど。「自発的な衝動、情熱をきっかけとして動き出すもの、その人をワクワクさせるもの。その結果、何かが生まれてくる」とイメージしてみましょう。

5ハウスにある

☉太陽

人生を派手に謳歌(おうか)する
クリエイター

人生に創造性を求め、生きることを楽しむ人。生まれながらに華やかで人の注目を集めやすく、ドラマチックな展開を好みがち。アピール能力があり、数多くの恋愛を経験するモテるタイプです。ハードアスペクト*があると、刺激を求めて無茶をしがちな面も。

5ハウスにある

☽月

繊細な感性で
人の心をつかむ人

情緒豊かでやさしく、無邪気な気質。世話好きで、多くの人から好かれたいと思うタイプです。人気があり、女性や子どもを中心に大勢の心をつかみます。繊細な感性は創作の場でも現れます。恋愛願望は高めで尽くす側。ハードアスペクト*がある場合、恋人依存に注意です。

*アスペクトは第4章で解説します。

5ハウスにある

☿ 水星

知的ゲームを楽しむ
言葉巧者

頭を使うことに楽しみを見出す人。何かの学習や会話、文章を書くことなどを筆頭に知的なジャンルに能力を発揮します。文才、商才も◎。恋愛においても言葉を巧みに使って相手の心をつかみそう。ハードアスペクト*があると、気まぐれさ、中身のなさが目立ちます。

5ハウスにある

♀ 金星

愛を最大の喜びとする
ロマンチスト

愛し愛されることを自己表現ととらえ、大きな価値を置く恋愛至上主義者。ロマンチストで美に対する意識も高いため、自分自身も美しくあることを怠りません。芸術関連でも高いセンスを発揮。ハードアスペクト*があると、恋にのめり込みすぎ＆過度の浪費傾向が。

5ハウスにある

♂ 火星

スリルと刺激を求める
熱い人生観

挑戦やスリルのある楽しみ、恋愛を求める傾向のある人。無理なことや刺激の強いことに惹かれファイトを燃やしますが、叶うと関心を失いがち。スポーツや体を使うことに適性あり。ハードアスペクト*があると、勝ち負けへのこだわりが強く恋愛トラブルも多めです。

5ハウスにある

♃ 木星

愛と喜びで
人生を豊かにする人

創造性豊かで、創作活動を通じて自分を表現することがうまい素直な人。それによって認められ、成功することも。恋愛でも上手に愛情表現をし、幸福な恋愛をする傾向が。子ども運も良好。芸術への関心や理解も深いです。ハードアスペクト*があると、快楽主義傾向あり。

5ハウスにある

♄ 土星

**自制心が強く
愛にはとことん一途**

ストイックで真面目。一時の喜びよりは自分を成長させるものに意義を見出すタイプ。恋愛に対しても好きになるときは一途でプラトニックな傾向。愛情を表現することに苦労しがちで、結果、恋愛経験も少なめに。ハードアスペクト*があると、失敗を恐れる気持ちが強まります。

5ハウスにある

♅ 天王星

**誰とも違う自分でいたい
特殊な価値観**

オリジナリティー豊かな感性で趣味や興味の方向性もユニーク。誰にもまねできないものを生み出し、新ジャンルを切り開く才能があります。恋も型にとらわれないため、理解されにくい一面も。ハードアスペクト*があると、危ういものに引き寄せられやすいかも。

5ハウスにある

♆ 海王星

**儚く
幻想的な世界に生きる人**

インスピレーション豊かで独特の感性を持つ人。特に芸術ジャンルでは幻想的な力を発揮します（音楽や絵画、ダンスは得意）。恋愛ではムード重視で相手に非現実的な理想を押しつけがち。繊細な雰囲気で人を惹きつけますが、ハードアスペクト*があるとトラブルメーカーの傾向が。

5ハウスにある

♇ 冥王星

**「生きている実感」を求める
強烈な意志**

恋愛にも創作にも強い欲求を持ち、生きている証と考える人。過激なものや極端なものに心惹かれやすく、リスクやタブーも恐れないため、時にすべてを捨てて恋や創作にのめり込みます。ハードアスペクト*があると、恋の激しさゆえに傷つく＆恋人や子どもに対し支配的に。

*アスペクトは第４章で解説します。

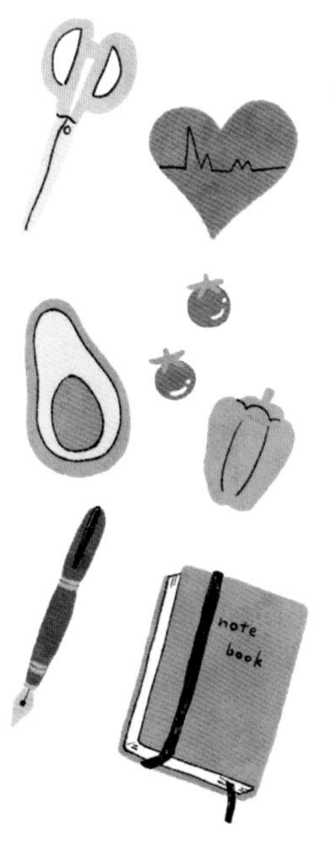

生活のための労働、責任、健康を表す
（勤労、義務や奉仕、健康の室）

第6ハウス

「生きるための糧を得る」という意味での労働（仕事運）を表すハウス。仕事内容の適性や、どういう働き方が向くか、職場での対人関係の築き方、社会の中での義務や責任とのかかわり方などがわかります。また肉体という意味での体の特徴、健康状態、自分自身が体をどう管理するか（生活習慣の傾向）なども、このハウスに現れます。

6ハウスにある

☉太陽

仕事を愛し
意欲的に働く努力家

責任感が強く、きちんと働き社会に貢献したいという意識が強い人。自分に与えられた役割を果たしたいと考え、全体の利益を重んじます。誠実な努力家で、組織の中で成功するタイプ。ただし無理しがちなので、働きすぎには要注意。健康管理はきちんと行って。

6ハウスにある

☽月

繊細な気遣いで
周囲を適切にケア

奉仕精神が旺盛で面倒見のよいタイプ。看護やカウンセリングなど気遣いを必要とする仕事に高い適性があります。心身の不安定さが能力に直結するため、安心できる職場を選ぶこと。体力的にも不安定になりやすいので、定期的な休養、ストレスケアが必須です。

6ハウスにある

☿ 水星

**知性を駆使し
物事を最短でこなす**

頭の回転が速く、新たな情報や技術を駆使して仕事をやり遂げます。効率的な働き方もうまい人。専門職や文才を生かす仕事、営業職なども◎。人のサポート、ブレーン的立場も向いています。精神的な疲れは自律神経を狂わせるかも。体を酷使しすぎないように。

6ハウスにある

♀ 金星

**仕事を楽しみ
人を楽しませる存在**

仕事を通じて人を喜ばせたいと考えるサービス精神が旺盛な人。自分自身も好きで楽しんでできる仕事が合います。人当たりがよく、職場内ではムードメーカー的存在に。芸術的なセンスも仕事に活用できます。体は強めですが美食家の傾向も。肥満、腰痛にご注意。

6ハウスにある

♂ 火星

**挑戦や競争に奮起し
やる気を増す**

仕事熱心な働き手。使命感も強く、エネルギッシュに仕事に取り組んでどんどん実力をつけるタイプ。行動力もあり、競争にも強いため独立に向いています。誰でもできること、ゆるすぎる環境は苦手。部下や後輩には厳しくなりすぎるかも。健康面では過労が心配。

6ハウスにある

♃ 木星

**周囲によい影響を与える
職場のキーパーソン**

働くことを大事にし、楽しむ人。その誠実な働きぶりで常に必要とされ、質のよい仕事にもよい仲間にも恵まれるタイプ。人望が厚く組織向き。外に向かって展開する営業やサービス系に適性ありです。健康的には恵まれていますが、過食による肥満には気を付けて。

*アスペクトは第4章で解説します。

6ハウスにある

♄ 土星

強い自制心で 完璧にやり遂げる

強い責任感と自制心を持ち、時間をかけてやり遂げるプロ意識の強い人。困難なものに惹かれる傾向も。人にものを任せられないタイプ。長期的視点が必要な農業、不動産関連などに適性があります。健康面では骨や皮膚のトラブルが多め。また体を冷やさないように。

6ハウスにある

♅ 天王星

独自の感性を生かし 先端を走る

専門的な知識や技術、独自性の強いアイディアで頭角を現す人。変化の多いジャンルに適性があり、単調で地味な内容は苦手です。フリーでの活動に向き、仕事を急に変えることも。健康面では生活リズムが乱れがち。特に神経が休まりにくいので休養、睡眠は十分に。

6ハウスにある

♆ 海王星

アートやボランティアに 適性あり

直感や感性を仕事に生かす人。お金のために働けず、夢や理想のために生きようとしがち。芸術やボランティアなどに熱心です。服装規定や定時出社などルールに従えないためフリーランス向きで、気分の差が激しく定職につかないことも。何かへの依存、薬の飲みすぎには要注意。

6ハウスにある

♇ 冥王星

深いやりがいを求め 限界まで働く

仕事に対し真剣で、妥協を許さないタイプ。独自のこだわりが強く、深いテーマや特殊な内容ほど魅力を感じそう。とことんやってその分野の第一人者になる可能性も。対人関係には難あり。体力を過信し健康をおろそかにしがちなので、定期健診は必ず行きましょう。

特定の人との深いかかわりを表す
（結婚、パートナーシップの室）

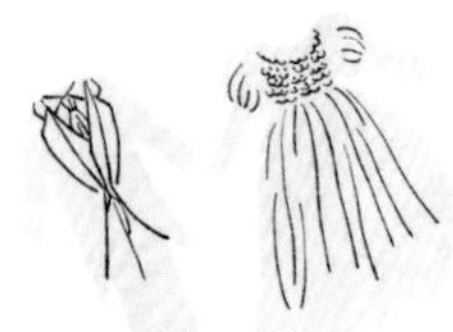

第7ハウス

「自分自身」を表す第１ハウスの対極。自分にとって重要な「他者」のタイプや、その相手とのかかわり方を表すハウスです。一番わかりやすい例は、結婚相手やそれに匹敵するパートナー。生涯の親友やビジネスパートナー、敵なども含みます。「こういう相手を選ぶ傾向がある」「他者に対してこんな態度を取る」……そんな風にも解釈できます。

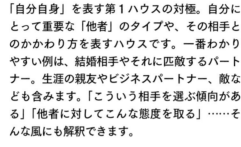

7ハウスにある

☉太陽

相手を刺激し
刺激されたい人生

パートナーシップを重んじる人。特に結婚は人生の重要事で、相手次第で結婚後の人生が大きく開ける可能性も。本音で語り合える人を選んで。社会の中で人と協力し合って生きることを大事にする傾向。パートナー像は明るく快活で社会的にも成功した人。

＊アスペクトは第４章で解説します。

7ハウスにある

☽月

誰かいてくれないとダメな人

一人でいるのが苦手な人。自分が人にどう思われているかをとても気にします。結婚願望も強く、相手に合わせることで愛されようとしがち。ハードアスペクト＊があると、自分の理想を押し付け不安定な関係に。パートナー像は繊細で気遣いのできる人気者。

7ハウスにある

☿ 水星

一緒にいて 楽しい相手が理想

人とのかかわり、特に会話や情報交換を大事にし、そこから人生を発展させる人。交友関係が広く、多方面に顔が利く＆知的な人たちとのかかわりが多めです。交渉事・仲介役にも適しています。パートナー像は社交性が高く、話していて楽しい聡明な人。

7ハウスにある

♀ 金星

一緒にいる相手を輝かせ 自らも輝く人

愛され運があり人を惹きつける人。ジャンルを問わず、全般にパートナー運に恵まれます。「玉の輿」運で、結婚後は愛情面や金銭面ともに豊かなものになります。スポンサーなどに恵まれる場合も。パートナー像は美しい容姿、金銭的な豊かさを持った人。

7ハウスにある

♂ 火星

恋人にも抱く対抗心 情熱の方向性に注意

競争心が強く、そこにやりがいを感じる傾向。親しい相手ともつい張り合ってしまい、主導権争いをしがち。時に熱く互いを惹きつけ合いますが、衝突も多いでしょう。切磋琢磨できる関係が理想。意見の押し付けに注意。パートナー像は情熱的でフィジカルの強い人。

7ハウスにある

♃ 木星

相手を和ませ 関係性の中で成長する人

人に対してオープンで相手を安心させるムードの持ち主。結果、恋愛でもビジネスでも、誠実で温かく信頼できる相手に恵まれます。人との協力関係を通じて財産を作ることも。パートナー像は尊敬できる、裕福で向上心のある人。結婚で祝福される傾向があります。

7ハウスにある

♄ 土星

一人でも大丈夫
付き合うなら安定した人

人との関係に緊張感を覚えるタイプ。「人から過度に頼られ、無理をさせられやすい」「先回りして考えすぎて、一人のほうが楽と感じる」などの傾向も。結婚にも慎重で晩婚傾向があります。パートナー像は勤勉で安定感のある年上の人や社会的地位の高い人。

7ハウスにある

♅ 天王星

型にはまらない
独自の関係を好む

特定の相手に束縛されたくないという思いが強い人。自由で対等であることを望み、誰かと協力し合う時も、それぞれの独立性を保った形のほうがうまくいきそう。パートナー像はユニークな個性や価値観を持った人。事実婚や別居状態でのかかわり方もよいでしょう。

7ハウスにある

♆ 海王星

ロマンチストで
相手に一体感を求めがち

パートナーシップへの憧れが強く、そばにいる人の価値観に影響を受けやすい。度を越すと妄想的になり、相手に過度に尽くしたり、自分と相手の境界線があいまいになる傾向もあるので、付き合う相手は慎重に選ぶこと。パートナー像は芸術家肌の人、芸能関係者など。

7ハウスにある

♇ 冥王星

運命的な縁の中で
自分を見出す人

運命的な展開を通じて、人と縁ができるタイプ。相手との出会い、結婚などで人生が激変することも。同時に支配欲が強いため、利己的な理由で人に近づき利用する一面もあります。相手に対する過度な執着心に注意。パートナー像は存在感のある、その場のボスのような人。

*アスペクトは第４章で解説します。

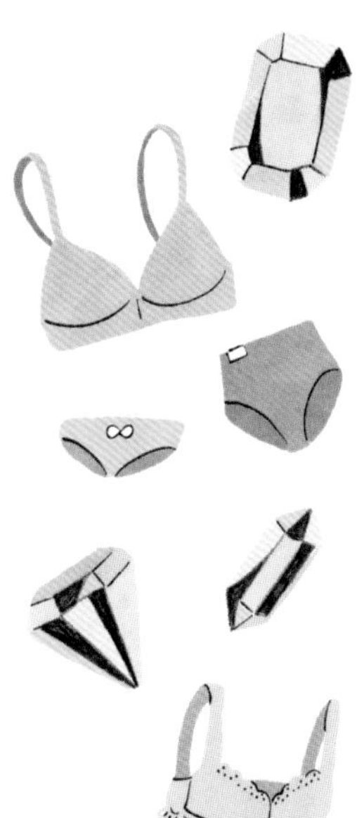

性の傾向、受け継ぐものを表す
（セックスと遺伝、遺産の室）

第8ハウス

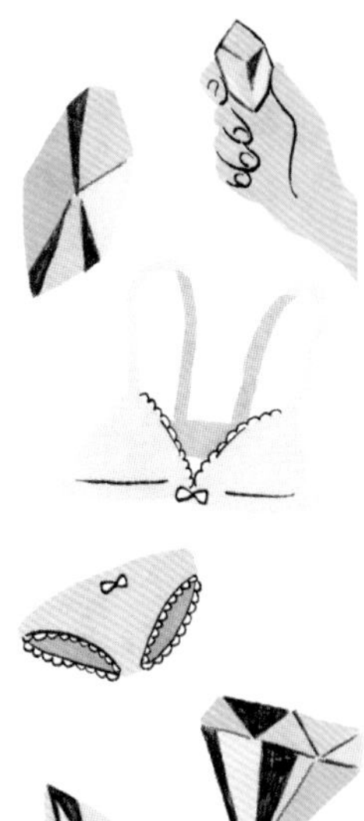

「親や配偶者、親族などから受け継ぐ財産」を表します。第2ハウスの「自分で稼ぎ出す財産や稼ぐ能力」と対照的で遺産や権利など物質的なものが代表例ですが、形あるものとは限りません。また性的な好みや性的経験の傾向、問題点なども表し、全体に「目に見える部分以外での、他者との深い絆を表すハウス」ともいえるでしょう。霊的な感性も現れます。

8ハウスにある

☉太陽

前世代の運と
責任を受け継ぐ人

伝統など前世代の築き上げたものを守るという意識を強く持つ人。いわゆる「跡継ぎ」運で、財産や技術などを継承し、それによって成功するでしょう。セックスには積極的でオープン。ハードアスペクト*があると、その魅力ゆえに恋愛の誤解や問題を招きがちに。

8ハウスにある

☽月

心身ともに
パートナーと深くつながる人

感受性が強く、人との間に深い絆を求め、セックスでもロマンや精神的に満たされることを重要視する人。結婚後の経済面は浮き沈みがありそう。霊感も強い人で、独特の直感に恵まれます。ハードアスペクト*があると、人から過度に影響を受けやすいでしょう。

8ハウスにある

☿ 水星

知識と経験を継承し高める職人気質

洞察力が鋭く、物事の裏にあるものに関心を持つ人。芸術や伝統的なジャンルの専門分野、科学や精神世界など、興味の赴くままとことん探究するマニアックな面も。性的にはいろいろ試したいタイプ。ハードアスペクト*がある場合、財産関連のもめごとに注意。

8ハウスにある

♀ 金星

配偶者や環境に守られ豊かに生きる人

性的魅力が豊富でセックスアピールのある人。早熟でモテるタイプ。肉体的なつながりに重きを置く傾向があり、その経験から多くを得ます。財産運も強く、資産家のパートナーや支援者を持つことも。ハードアスペクト*があるときは性的、霊的な問題に気を付けて。

8ハウスにある

♂ 火星

感情と欲求の適切なコントロールが必要

財産の運用や投資に対する鋭い直感を持ち、財産を築く可能性がある人。反面、トラブルや盗難などで一気に失いやすい面も。また性的欲求は強く、恋人への独占欲も強め。物事に対し性急すぎで、一時の感情で恋人の略奪や不倫など性的なトラブルも起こしやすいかも。

8ハウスにある

♃ 木星

財産を与えられお金に困らないタイプ

結婚＆遺産相続などの結果、多くを受け継ぐ人。事業などでも出資者が現れやすく、保険、株配当など「労働以外での収入」を得る機会が多いでしょう。お金に困らずおおらかです。性的には生涯を通じて豊かで奔放。霊的関心高め。ハードアスペクト*があると浪費に注意。

*アスペクトは第４章で解説します。

8ハウスにある

♄ 土星

財産作りはコツコツと
性には淡泊

相続の運は薄く、結婚によって経済的負担を負いやすい人。金銭トラブルにも巻き込まれやすいので、保証人などにはならないように。財産は長期計画のもと築きましょう。セックスへの関心は低めで淡泊。セックスに嫌悪感を抱く、もしくは愛のない関係を持ちやすい面も。

8ハウスにある

♅ 天王星

常識にとらわれない
セックスライフ

思いがけない展開が起こりやすい財産運。急な遺産相続や投資の成功、反対に突然財産を失うことも。血縁者の遺伝的才能や意志を受け継ぐ場合もあります。性に関しては常識にとらわれず、本人がアブノーマルな人かパートナーにその傾向が。オカルトなどにも興味を持ちがち。

8ハウスにある

♆ 海王星

執着心は薄め
付き合う相手は選んで

霊的感性を持ち、予知夢などからヒントを受け取る人。性に関してはムード重視。ロマンチストですが、相手任せのセックスになりがち。財産との縁や執着心は薄く、むしろ寄付や援助に熱心なタイプ。ハードアスペクト*がある場合、霊的なトラブル、詐欺などに気を付けて。

8ハウスにある

♇ 冥王星

財産作りにも
セックスにも精力的

先祖との縁が強く、親族にかかわる運命的な経験をしがち。財産運もあり、自分でも稼ぎますが、大きな資産を受け継ぐことも。セックスは人生の中でも重要な位置を占めるでしょう。関心も強く精力的な人。ハードアスペクト*があると、自己中心的になりやすいかも。

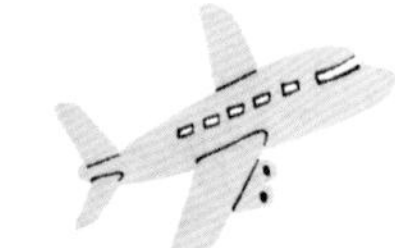

向学心や思考の傾向、遠方との縁を表す
（高度な学問と精神、海外の室）

第9ハウス

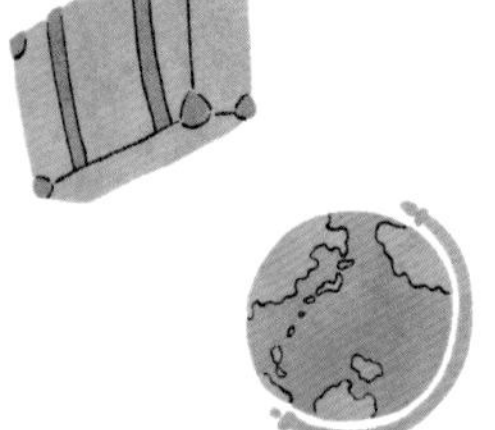

物事に対する深い探求心、向学心を表すハウス。第3ハウスが「いろいろなことを知りたい（近く）」なら、第9ハウスは「よりよく知りたい」「深み、高みまでたどり着きたい（遠く）」という意欲です。それを通じて自分を成長させ、自分らしい価値観・信念・精神を作り上げます。遠方への旅もここに現れ、留学や国際結婚、国際的な縁もこのハウスから読み取ります。

9ハウスにある

☉太陽

自らの理想を
どこまでも追いかける人

知的好奇心が強く、自分の魂を向上させたいという意欲にあふれる人。未来志向で理想家。専門的な知識を身につけ、活躍の場を広げます。特に哲学や法律、宗教には関心が高め。海外＆遠方で活躍する傾向。ハードアスペクト*があると我の強さがネックに。

*アスペクトは第４章で解説します。

9ハウスにある

☽月

異質なものに憧れ
そこに溶け込む人

物事の深い面に対して関心を持ちやすい人。哲学や心理などに惹かれ、精神的に大きな影響を受けそう。海外や異文化への憧れも強く、異なる文化や言葉の環境でも高い順応性を発揮。海外在住や国際結婚も。ハードアスペクト*があると気持ちが変わりやすく、思いを貫けない傾向に。

9ハウスにある

☿ 水星

卓越した語学や言語のセンスで活躍

向学心にあふれ、幅広い知識を求める人。物事ののみ込みも早く、特に語学の能力に恵まれます。文才もあり、卓越した表現力を発揮。貿易や旅行業など海外にかかわるジャンルでも活躍しそう。ハードアスペクト*があると不用意な発言でトラブルを招くことも。

9ハウスにある

♀ 金星

国際レベルのセンスと愛情表現能力

平和的な精神の持ち主で、人に対し理解や同情を示す人。アーティスティックな才能もあり、洗練された感覚、趣味のよさも目立ちます。海外との縁も深く、国を越えて活躍しそう。外国人との恋愛や結婚もあり得ます。ハードアスペクト*があると一貫した目標を持ちにくいかも。

9ハウスにある

♂ 火星

ロマンと冒険心の赴くままに動く挑戦者

強い好奇心と挑戦心を持ち、自分の世界を拡大する意識の強い人。未知なるものを求めて冒険を続け、度胸があり困難にもひるみません。これだと思うとのめり込む傾向があります。宗教や精神世界に惹かれがち。ハードアスペクト*があると他人との議論が多めに。

9ハウスにある

♃ 木星

広い視野と徳の高さが際立つ才人

穏やかで「意識の高い」人。哲学や宗教に適性を持ち、個人の欲より多くの人の幸福を重要視します。自分の専門分野で高い評価を受けそう。海外での活動は成功しやすく、指導者運もあります。ハードアスペクト*があると、自信過剰傾向があるので謙虚さが必要かも。

9ハウスにある

♄ 土星

努力を重ね
真理を見つける求道家

強い探求心を持ち、何事も深く突き詰めて真理を見つけようとします。勤勉な努力家ですが、ストイックで疑り深い面も。自ら困難を課し、精神的に強くなるタイプ。一つのことに集中する傾向があります。ハードアスペクト*があると自分の考えに対し頑固になりがちに。

9ハウスにある

♅ 天王星

常識を軽々飛び越える
発想の天才肌

常識にとらわれない際立った勘や発想力を持つ人。特定のジャンルを突き詰めて、天才的発見や発明をすることもあります。科学やオカルティズムへの関心は強め。ただ斬新すぎて変人扱いされる可能性もあり。ハードアスペクト*がある場合、旅先での突発的なアクシデントに注意。

9ハウスにある

♆ 海王星

独自の力を持つ
不思議オーラの人

神秘的なことへの関心が高く、また予知能力やテレパシー、霊感の才能がある人。動植物と対話でき、そこからヒントを得て芸術や宗教的な道に進む人もいるようです。長期間放浪の旅をする人もいます。ハードアスペクト*があると、現実離れ感がアップします。

9ハウスにある

♇ 冥王星

興味の対象によって
大きく姿を変える人

興味のあること一つを追求し、世の中に広めたいという情熱を持ち、「ハマる」タイプ。宗教や魔術など精神的なジャンルに関心が深く、何に没頭するかで人生の方向性が変わります。海外とは強い縁あり。ハードアスペクト*があると危険なものにのめり込む傾向に。

*アスペクトは第4章で解説します。

社会面での能力、目標、天職を表す
（生涯の目標、社会的使命の室）

第10ハウス

社会面での目標を表すハウス。対極にある第4ハウスが人生上の土台を表すのに対し、ここでは「社会の中でどう生きるか、成功の際はどういう才能がカギになるか」が現れます。社会上の地位や名声も表し、「天職（ライフワークであり、時に金銭を伴わないことも）」の傾向も現れます。特定の指導者・メンターがいる場合も、ここに出るでしょう。

10ハウスにある

☉太陽

仕事を通じて輝き
人を惹きつける人

非常にバイタリティーがあり、自分を信じて猛然と働く人。人の期待を受けやすく、それを力に変えられます。リーダーシップに恵まれ、目上からも引き立てられます。ジャンルを問わず成功しやすいでしょう。ハードアスペクト*があると、人を見下し横柄になりがち。

10ハウスにある

☽月

親近感を持たれる
お茶の間の人気者

やさしく繊細な感性を持ち、人の気持ちをいち早く感じ取れる人。人望を集めやすく、人気運もあります。政治家やタレントなど広く一般の人を対象とした職業に多いタイプ。女性の支持を得て成功することも。ハードアスペクト*があると職業面での不安定さが目立つ傾向に。

10ハウスにある

☿ 水星

**キレのある知性と対話力で
周囲を圧倒**

知性と巧みな情報収集能力を駆使し、仕事に生かす人。自分の持つ有効な知識を広める役割に適します。コミュニケーション能力は非常に高レベル。幅広い人脈に恵まれそう。企画力や営業力もあり。ハードアスペクト*があると器用貧乏傾向に。得意ジャンルを持ちましょう。

10ハウスにある

♀ 金星

**目を引く華やかさで
場を盛り上げる人**

人の注目を集めるアイドル的存在の人。社交性があり、華やかな状況下で真価を発揮します。美的センスに優れ、芸術やファッション、芸能、サービス系の仕事に適性あり。目上の人や異性から援助されますが、ハードアスペクト*があると苦労や地味なことを避けがちに。

10ハウスにある

♂ 火星

**競争の中で最も輝き
トップを目指す人**

強い挑戦心と野心で競争の中を生き抜く人。自分でこれと決めたことには集中して取り組み、若くして成功することも。体を使うジャンルには特に適性あり。ただ自分のやり方を信じるあまり、敵を作りやすいのが問題。ハードアスペクト*があるとそれが顕著になります。

10ハウスにある

♃ 木星

**人を大事にし、
大事にされる人格者**

良識があり、人からの尊敬を受ける人。分け隔てなく積極的に周囲をサポートするため、自然に味方が増え、その人格や地位にふさわしい財産を手に入れるでしょう。教育や法律などのジャンルは適職。ハードアスペクト*があると寛大さが高じてルーズに。

*アスペクトは第 4 章で解説します。

10ハウスにある

♄ 土星

堅実かつ確実な
大器晩成タイプ

真面目で勤勉、何事にも誠実に向き合い最後まで投げ出さない人。野心も強く、自分で難しい目標をかかげがちですが、時間をかけて努力し達成します（大器晩成型）。責任のある立場に就くことも。ハードアスペクト*があると頭が固く、自分のやり方にこだわりすぎる傾向が。

10ハウスにある

♅ 天王星

環境選びが重要な
ワンアンドオンリー

既存の型にはまらない目標を持ち、達成に向かってひた走る人。発想がユニークで、ルールの多い環境では能力を生かしにくいかも。自由な挑戦が可能なジャンルに適し、そこで成功します。ハードアスペクト*があると悪目立ちすることも。理解者が必須です。

10ハウスにある

♆ 海王星

豊かな感性で
人の期待を集める人

直感力に秀で、人を癒すジャンルで能力を発揮する人。音楽やダンスなど芸術系が職業に適しますが、ボランティアなどをライフワークとすることも。人から期待され何かを任されることが多いです。ハードアスペクト*があると継続的な努力が苦手ゆえに、夢が夢で終わることも。

10ハウスにある

♇ 冥王星

周囲を惹きつけ離さない
圧倒的オーラ

強烈な集中力を持ち、どんな仕事も自分のカラーに染めるカリスマオーラの持ち主。運と実力を両方持ち合わせており、周囲を圧倒する大事をやり遂げます。犠牲をいとわぬハードワーカー。ハードアスペクト*があると横柄さが強まり、敵や妬みを引き寄せがちに。

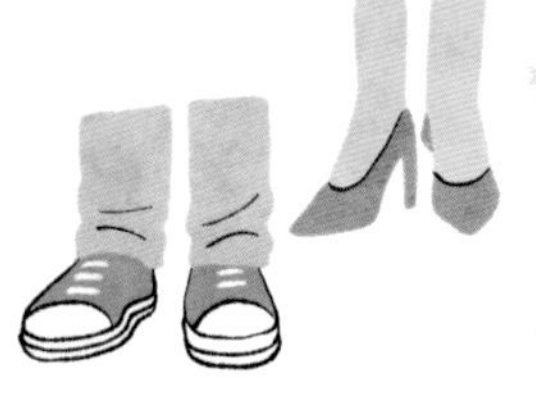

友情の形や、理想とするものを表す
（友人関係、理想の室）

第11ハウス

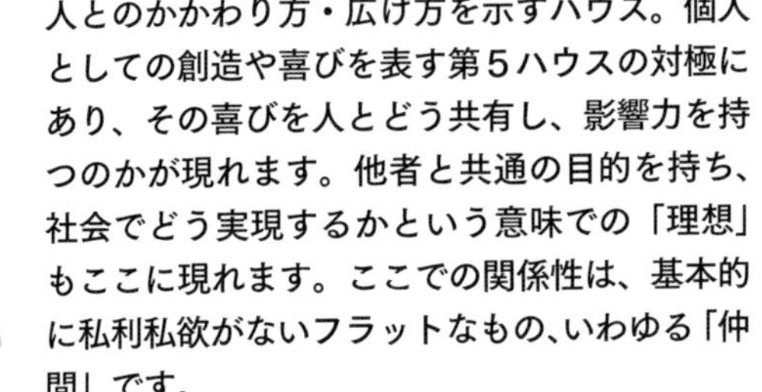

人とのかかわり方・広げ方を示すハウス。個人としての創造や喜びを表す第５ハウスの対極にあり、その喜びを人とどう共有し、影響力を持つのかが現れます。他者と共通の目的を持ち、社会でどう実現するかという意味での「理想」もここに現れます。ここでの関係性は、基本的に私利私欲がないフラットなもの、いわゆる「仲間」です。

11ハウスにある

☉太陽

なぜかついていきたくなる
場の中心的存在

生きる中で前向きな理想を持ち、それに向かって努力する人。その誠実さに惹かれた様々な人に支えられ、その力を借りながら、大きなことを成し遂げることも。人望のあるタイプです。ハードアスペクト*があると、その人脈に翻弄されてトラブルに巻き込まれることも。

*アスペクトは第４章で解説します。

11ハウスにある

☽月

気遣いと人懐っこさで
周囲を癒す人

「人の喜ぶ顔を見るのが好き」な奉仕精神に富む人。人と親しくなるのが早く、誰に対しても友人のような感覚で接します。仲間といることに喜びを感じるタイプで、幅広い人から好かれます。ハードアスペクト*があると友人に過度に執着しがち。他人との距離感に注意です。

11ハウスにある

☿ 水星

**活発に話し、情報交換して
利益を得る人**

知的で有益な情報を持つ友人関係に恵まれる人。趣味の幅が広く、人脈も多岐にわたるでしょう。自己表現や発信も上手で、自分の考えを人に理性的に伝え、理解者を増やす能力があります。ハードアスペクト*があると、打算的に人と付き合う傾向あり。深い関係を大事に。

11ハウスにある

♀ 金星

**愛されてみんなを和ませる
場のマスコット**

人に対し分け隔てなく接する平和的気質の人。好感を持たれやすく、複数の輪をつなぐ役割を果たすことも。友人から多くを学びプラスの影響を受ける傾向にあり、友情から発展する恋も多め。ハードアスペクト*があると人からの嫉妬や金銭トラブルの可能性が増しそう。

11ハウスにある

♂ 火星

**競い合う中で友情を育む
好戦的な人**

切磋琢磨する人間関係を好むガッツのある人。なじみのない環境にも必要を感じればすぐ飛び込み、目的を果たす度胸もあります。必要に応じて仲間を集め、集団の力で物事を達成することも。ハードアスペクト*があると仲間以外の人に対する配慮に欠ける面がありそう。

11ハウスにある

♃ 木星

**人から愛され守られる
人格者タイプ**

博愛精神を持ち、人や社会のために奉仕する人。相手の立場を問わず寛大で親切なため愛されやすく、地位や名誉ある人からも大事にされるでしょう。真の友情に恵まれ、自分の理想を実現することも。ハードアスペクト*があると広く浅くの関係になる傾向が強まります。

11ハウスにある

♄ 土星

努力を重ね
真理を見つける求道家

交友関係は狭いものの、その分深い人。相手に強い信頼関係を求めますが、自分も約束や契約をきちんと守ります。精神的に成熟しているため、年上の人と話が合い、サポートを受けやすいかも。ハードアスペクト*があると人見知りが強く、集団に対して壁を作りがちな面が出ます。

11ハウスにある

♅ 天王星

常識を楽々飛び越す
発想の天才肌

単独行動を好み、集団になることを必要としないタイプ。親しくなるのはユニークで常識にとらわれない人で、個性的な仲間と結束し何かを成し遂げることもあります。人種や国籍などが異なる人が親友になるかも。ハードアスペクト*があると、急に関係が途切れたりしがち。

11ハウスにある

♆ 海王星

仲間とは常に
魂で通じ合いたい人

感性豊かで、芸術やスピリチュアルなジャンル、ボランティアなどに強い関心を抱く人。精神的なつながりを重要視するため、共通の関心を持つ人と親しくなる分、それがない相手には失望しやすいという面も。ハードアスペクト*があると非常識な友人に悩まされるかも。

*アスペクトは第４章で解説します。

11ハウスにある

♇ 冥王星

人の心をつかみ
ときに利用する力のある人

人を敵味方で判断しやすく、親しくなった相手とは強い絆を作るタイプ。直感力が鋭く人の本音を見抜く能力があり、人心掌握術に長けています。運命的な出会いをした人と、長い友情を育むことも。ハードアスペクト*があると人を利用しようとしすぎて敵を増やすかも。

見えない秘密や敵、恐れ、業を表す
（隠れたもの、無意識、潜在意識の室）

第12ハウス

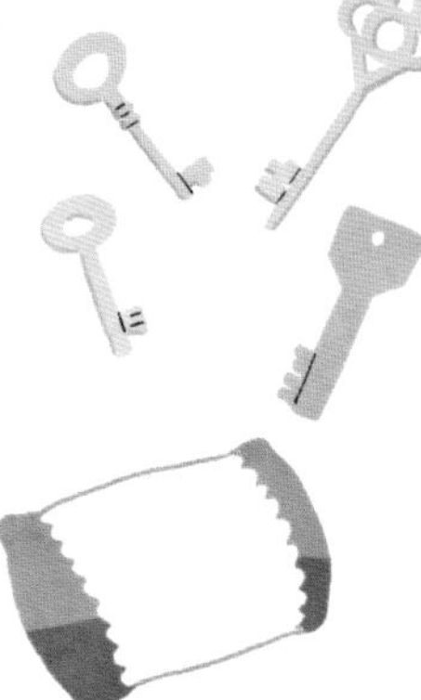

日常生活や本人の意識の外にある「気付いていないもの」と、それが持つ人生への影響力を示すハウス。目に見えない問題や隠された出来事、未開発の才能、本人が恐れていること、人生の中で背負う業（カルマ）などが現れます。また、無意識の力がもたらす直感なども含まれます。宿命的なハウスですが、より自分を多面的に知るきっかけをくれる場合も多いです。

12ハウスにある

☉太陽

「誰かのために」を
生きがいとする人

インスピレーションを大事にし、芸術的活動やボランティアなど精神的に満たされる生き方を求める人。世俗的成功には興味がなく、体が弱い、もしくは束縛の強い家族など、生まれつきの環境が人生観に影響することも。ハードアスペクト*があると夢の達成までに多少困難が。

12ハウスにある

☽月

常に弱者サイドに立つ
献身的な人

繊細な感性を持つ同情心の厚い人。内なる世界を大事にし、困っている人や弱い人を保護したいと考えます。本人も安全な場所で守られたい願望が強め。傷つきやすいものの、救われることも多い人でしょう。詩作の才能あり。ハードアスペクト*があると情緒不安定な傾向に。

12ハウスにある

☿ 水星

言語外の情報を受信する
センサーあり

鋭敏なアンテナを持ち、言葉にならない細微な情報や危険を感じ取る人。うまく生かせば豊かな世界観を作品などで表現できますが、勘が鋭すぎて周囲との距離感が難しくなったり気分的にムラが強くなったりします。ハードアスペクト*があると人に誤解されやすくなりそう。

12ハウスにある

♀ 金星

愛の複雑化に
ご注意の愛されキャラ

思わず守ってあげたくなる、保護欲を刺激する人。本人も奉仕的で人を喜ばせ、助けたいと思うタイプで、同情が愛に変わりやすいです。愛を失うことを強く恐れ、愛を複雑化させる傾向もあり。ハードアスペクト*があると三角関係や不倫などに陥りやすいでしょう。

12ハウスにある

♂ 火星

内なる力や怒りは
行動のパワーに変えて

強いエネルギーを持つものの、それをうまく行動に生かせずストレスをためやすい人。突然それが苛立ちや乱暴な言動となって現れやすく、トラブルを起こすことも。衝動的な行動でのけがなどに注意。ソフトアスペクト*があれば衝動を勇気として活用できるかも。

*アスペクトは第４章で解説します。

12ハウスにある

♃ 木星

知らぬ間に人を救い
人に救われる人

楽観的で寛大な性格の人。物事に対する奉仕精神が強く、人のために頑張るタイプ。そのせいか不思議な力で守られやすく、困難な状況からいつの間にか脱することが多い＆誰かに助けられる展開に。ハードアスペクト*があると、よい行いをしても評価されにくい面が出ます。

12ハウスにある

♄ 土星

失敗を糧とする心の強さや
広さが必要

一人を好み、何事も独力で解決しようとする人。悲観的な傾向が強く、一度失敗すると長く気に病み、理解されないと考えがち。現実を理性的に受け止めつつ、自分の力を信じる前向きさを育てましょう。ソフトアスペクト*があると長く信じられる人やものと出会えそう。

12ハウスにある

♅ 天王星

誰にも混ざりたくない
孤高の存在

社会や集団に混ざらず、一人の状況を愛し必要とする人。いわゆる「変わり者キャラ」であることを好み、限られた人とかかわりたいタイプ。鋭い直感や危険察知能力あり。急なトラブルに見舞われやすいので注意を。ソフトアスペクト*があると自身の機転でトラブルを免れます。

12ハウスにある

♆ 海王星

繊細さ・危うさが魅力で
同時に弱点に

豊かな想像力と霊的な直感力に恵まれる分、不安定で迷いやすく何かにハマりやすい面も。危険な思想、オカルトや宗教には要注意。同情心も厚いですが、巻き込まれすぎないで。ソフトアスペクト*があると強い共感力と癒し効果を発揮。人を素直にさせる力を持っています。

12ハウスにある

♇ 冥王星

善にも悪にもなれる
強い業（ごう）の持ち主

強力な洞察力があり、物事の隠れた側面を読み取れる人。「自分がしたことが自分に返ってくる」運の持ち主。人を裏から操るフィクサーになりがちですが、悪に傾くと運を狂わせます。信仰心の厚い人も多いです。ソフトアスペクト*があると窮地で他人に救われます。

もっと知りたい ハウスのこと！

ASC についてもっと詳しく教えて！

先生、ASC は生まれたとき、東の地平線にどの星座が位置していたかを表していますよね？

はい。ほしみさんのホロスコープを見ると、ASC は獅子座ですね。

私の太陽星座は牡牛座なのですが、ASC は獅子座？

ほしみさんが生まれたとき、太陽は牡牛座の位置にあったから、ほしみさんの太陽星座は牡牛座。そしてそのとき、ASC ＝東の地平線には獅子座があった、ということなんです。この違いはわかりますか？

ということは、太陽星座と ASC の星座が意味することも違うのかな？ 83 ページにはASC も自分自身を表すとありますが、どんな違いがあるのでしょうか？

太陽星座と ASC の星座、どちらも自分を表すという点では共通していますが、**太陽は「その人の内面的性質や目指すべき人生の方向性」を表します。**それに対して、**ASC が意味するのは、その人の外見のイメージ、容姿の特徴、立ち居振る舞いなど**、「自分以外の他者から見たイメージ」や「こう振る舞うのが正解と自分が考えている姿」といった、より外見的な個性です。

なるほど。イメージがつかめてきました。

また、ASCはその人の体質を表すこともあります。例えば、外見は清楚でお嬢様っぽいのに、性格はとても強気、そんな人っているじゃない？

確かにいますね！ 外見と性格のギャップに驚かされることってよくあります。

ASCの個性はもちろん、人にもよりますが、無自覚な場合も多いのです。先の例で言えば、「自分がお嬢様っぽく見えている」と、本人は自覚していないこともよくあります。ASCと太陽星座を知ると、その人の個性が多面的に見えてきますね。ちなみに、ほしみさんはASC＝獅子座だから、堂々としていて強いイメージに見えるのね。でも、太陽星座＝牡牛座だから、性格はおっとりさんですね。

確かに、第一印象と性格にギャップがあるとよく言われます。

もしマッチングサイトで婚活するなら、ちょっと作戦が必要でしょうね。似合う服は、はっきりとした色や柄のものだろうけど、そのままで行くと、実際以上に獅子座的な大胆な人と思われてしまいそうです。ポイントで華やかさを取り入れつつ、牡牛座的な上品な色や形、質感を大事にしたファッションがいいのかも。

なるほど。ASCと太陽星座のギャップはそんなふうに活用できるのですね！

そう、**ギャップがあることが魅力的になることも、人間関係ではよくありますよね。太陽星座やASC、その他の要素を自分で理解していてこそ、発揮できる力もあると思います。**

ハウスに何も入っていません

まーさ先生、もう一つ気になることがあります。自分のホロスコープでは、天体が一つも入っていないハウスがありました。ハウスに天体がないと、ハウスが意味する個性や特徴が私には備わっていないのかな、なんて思うのですが。

占星術ビギナーには、ほしみさんのように思ってしまう人がいるけれど、そんなことはないですよ。**例えば、2ハウスは金運や収入を表すけれど、ここに天体がないからといって金運がないということではありません。そのハウスに関して、その人は特に癖がない、そんな読み方**をするといいと思います。

「私の金運は普通なんだ」、そんな考え方でいいですか？

そうそう。それに、ハウスに天体がなかったとしても、ハウスには必ず12星座がかかわっているのだから、**「このハウスは○○座っぽい性質を持っている」と考えるといいですね。**

そうか、天体がなければ12星座を見ればいいんですね。もう一つ悩んでしまうのが、ハウスに天体がいくつも入っていることです。天体が偏っているとびっくりしちゃいますけど、これはどう読み解けばいいですか？

天体が偏っている人は多くて、大体の人が少なからず偏っています。天体の運行から見ても、太陽、水星、金星は近くにいるから、同じハウスに入ることも多いですしね。

偏っていることはそれほど特別なことではないんですね。

そうね、特別なことではないけれど、**天体がいくつも入っているハウスや、極端な偏りがあるエリアは、その人にとって重要なことを表していると考えていいでしょうね。**

第4章

アスペクトを知る

西洋占星術で多くの人が難しいと感じるアスペクトですが、理解を深めるコツを紹介します。一つ一つマスターしていきましょう。

アスペクトが複雑でいつも混乱してしまう

ほしみさん、この章では、「アスペクト」について解説します。天体と天体がどんな角度を取っているか。天体同士のかかわり方、関連の仕方を表しているのがアスペクトです。

はい、例えばWebサイトでホロスコープを出したときの表（17ページ⑥）で言うと、私の場合は太陽と月の角度が60度なんですよね。

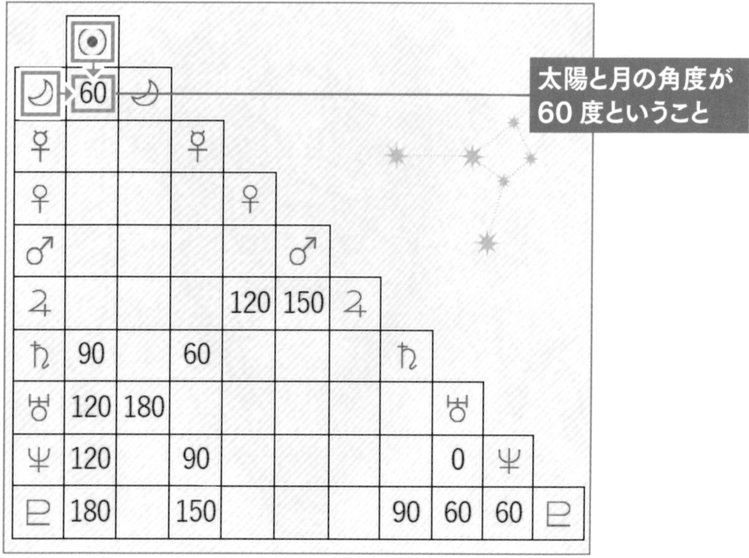

	☉	☽	☿	♀	♂	♃	♄	♅	♆	♇
☽	60									
☿										
♀										
♂										
♃				120	150					
♄	90		60							
♅	120	180								
♆	120		90					0		
♇	180		150				90	60	60	

そうそう。天体のマーク同士が交差する部分の数字が角度です。

先生、Webサイトによっては、ホロスコープ上にアスペクト線がたくさん表示されますよね。初心者にはこの線が多すぎて、どれが必要な線かわからなくなり、混乱してしまいます。

そういう場合は、一部ずつアスペクトを書き出してみましょう。

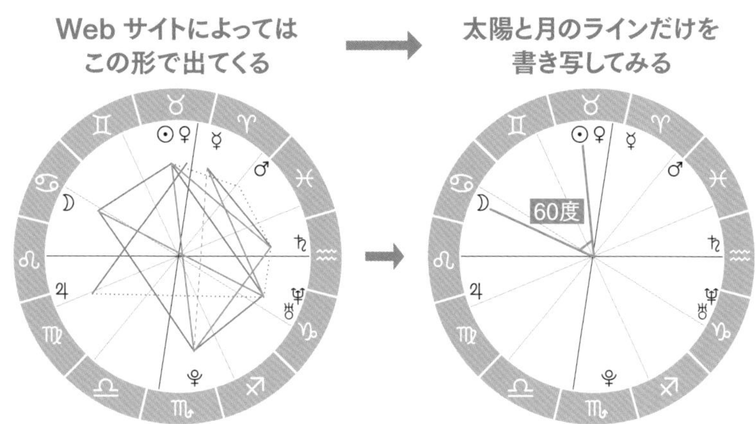
Webサイトによっては
この形で出てくる
太陽と月のラインだけを
書き写してみる
60度

見やすくなりました！　角度ってこういうことなんですね。

最初は太陽に関係するアスペクトを確認してみるといいですね。太陽の影響は強いですから。

その後は月、水星、金星、火星の順で見るのでしょうか。

わかってきましたね！ 主なアスペクトは次ページに6つ紹介しています。また､天体同士のアスペクトの意味も解説していますので、該当するところを読んでみましょう。角度を厳密に確認しようとすると難しく感じてしまうけど､最初は「角度は120度ぐらいかな？」と大まかに捉えていいのです。読み慣れてくると、ホロスコープ内のどの天体同士にアスペクトがあるか、スッと頭に入ってくるようになります。

主なアスペクト

ソフトアスペクト

0度 コンジャンクション

天体同士がほぼ重なった状態。天体同士が二人三脚を組み、強調し合うので、エネルギーは強まるが、天体の組み合わせによっては混乱やプレッシャーが増すこともある。

60度 セクスタイル

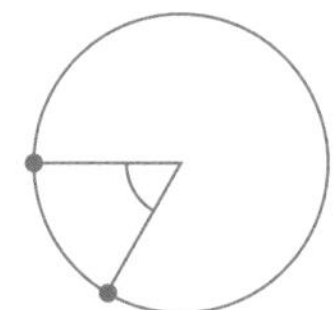

それぞれの天体のよい面が現れやすく、適度な協力関係が生まれる「友人同士」くらいの位置関係。影響力の強さはトラインの半分くらい。意識的に活用する必要がある。

120度 トライン

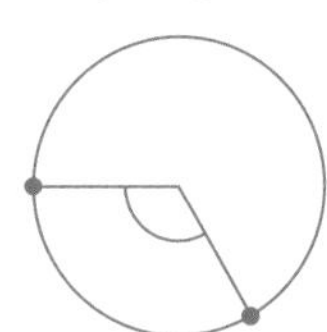

平和な協力関係が作られやすい調和的な位置。互いの良い面を引き出し合う。人間同士なら無意識に惹かれ合う恋人的な距離感。ただし、無難さ、楽さに流れやすい弱点も。

ハードアスペクト

90度 スクエア

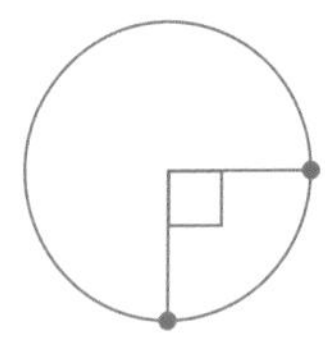

天体同士が互いに反発し合い、衝突が起こりやすい位置。緊張感を伴うが、難局を乗り越えるときなどは、その葛藤が打開策を生み出すことも。変革時には力を発揮する。

150度 インコンジャンクト

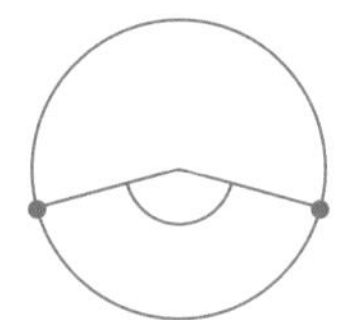

調和しにくい２つのものを結びつける、ストレスフルな位置。不安や緊張を生むが、その結果、前向きな妥協や改良をすることで状況を乗り越える力を付けることができる。

180度 オポジション

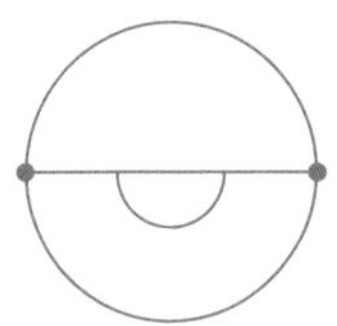

天体同士が互いに引っ張り合う緊張感のある位置。「アクセルとブレーキを同時に踏んで、動けない」「個人の範囲を超えた大きな行動が起こせる」などと、両方の可能性を秘める。

まーさ先生のこぼれ話

「オーブ」についての補足

天体同士のアスペクトは、ぴったり90度、120度であるほうが強い影響力がありますが、実際には、少し度数に幅を持たせて読む場合もあります。この許容度数を「オーブ」といいます。

＊0度、90度、120度、180度の場合＊

前後6度を含めた「84度〜96度」までは、天体同士がスクエアであると解釈する。（太陽や月が絡んだアスペクトでは8度）。

＊60度、150度の場合＊

同様に、オーブ4度まで（太陽や月が絡んだアスペクトでは6度）。

オーブの解釈は鑑定する人によっても違うので、ある程度、大まかにとらえて大丈夫。ぴったりのほうが影響はより強く、無意識に発動すると覚えておきましょう。

☉太陽のアスペクト

太陽はその人自身の考えや個性の象徴。そしてその存在が現実の社会や公的な状況の中で、どう自分自身を発揮していくかは、太陽のアスペクトに現れます。伝統的な解釈では、女性にとっての父親、夫とのかかわりもここで判断します。

	コンジャンクション（0度）	ソフトアスペクト（120／60度）	ハードアスペクト（180／150／90度）
太陽☉と月☽	新月生まれとなり、非常に強いアスペクト。ともに同じ星座にある時はその星座の性質が強調され、集中力や強い使命感を持ちます。しかしその分、視野が狭い面も。内なる矛盾が少なく率直で単純な人。	素直で温厚な人。周囲や環境に恵まれて育ち、与えられた状況に対しても悩まず受け入れ、そのまま順調に進むタイプ。人の引き立てにも合いやすい。結婚は「釣り合いの取れる」相手と穏やかな家庭を築くでしょう。	緊張感と心の葛藤が強く好戦的。人とのトラブルは多めですが、悩んだ経験を消化しエネルギーに変えれば、その分成長し、難しい状況を切り開ける。衝突しやすい相手に惹かれる傾向あり。リラックスを心がけて。
太陽☉と水星☿	自己表現に関する才能があり、コミュニケーションも巧みで人と上手にかかわります。知的なジャンル、実務的な方面も◎。思考は健康的ですが、人に認められたい意識が強く、ものの考え方が偏りがちな面があります。	太陽と水星は常に28度以内を保つため、アスペクトはコンジャンクションのみです。 ※太陽と水星の近すぎるアスペクト（3度以内）では、水星の知性が太陽の自意識に阻害される傾向があります（燃焼・コンバスト）。	
太陽☉と金星♀	上品で愛情深い性質。明るく華やかで、優雅。周囲、特に異性からの人気を集め、地位ある人から引き立てを受けやすいかも。人生を楽しみたい快楽主義的傾向が強く、誘惑に惑わされがちな面も。	太陽と金星は常に48度以内を保つため、アスペクトはコンジャンクションのみです。 ※太陽と金星の近すぎるアスペクト（3度以内）では、金星の美・輝きが太陽の自意識に阻害される傾向があります（燃焼・コンバスト）。	

	コンジャンクション（0度）	ソフトアスペクト（120／60度）	ハードアスペクト（180／150／90度）
太陽☉と火星♂	若々しく意欲的な性質。大きな野心を持ち、挑戦意欲に恵まれますが、短気で衝動的なため人と衝突しやすい面も。競争心も旺盛で、誰かと競う人生では一層輝きます。独立独歩の人生向き。	常に上を目指す上昇志向で、前向きな努力を欠かさないタイプ。広い視野とバイタリティーがあるため自然に指導的な立場に立ちやすいかも。強い意志と精力的な身体をバランスよく持つ人。	意欲的ですが、物事に対する軽率さ、強引さがありトラブルを招きがち。今いる境遇や対人関係に不満を抱きやすいため、人との衝突は多そう。自分や状況を冷静に見る目、セルフコントロールが課題。
太陽☉と木星♃	明るく楽観的で寛大な性質。恵まれた環境に育つことが多く、人の好さを身につけています。素直で援助者に恵まれやすい。反面、挑戦心には欠ける傾向あり。多少の困難でもへこたれません。	穏やかで善良な性質を持ち、上品で礼儀正しい。道徳的で信頼が置けるため人に慕われるでしょう。自分に与えられたものを前向きに受け止め、発展させるタイプ。社会的成功もしやすい人です。	積極的ですが、状況を楽観視し、行動範囲をむやみに広げたり行き当たりばったりの行動を取ったりする傾向が。ただ楽観的なので、懲りずに失敗もすぐ忘れます。問題を起こしても憎まれにくい人。
太陽☉と土星♄	「こうであるべき」という自分の役割を自覚し、使命感を持って向き合う人。ストイックな努力家で、時間をかけて鍛錬を積み、大きな願いを叶えるでしょう。若い時は警戒心強め。独身を通すことも。	求められている責任や義務を自覚し、誠実に果たすことで周囲の信頼を勝ち取る人。年長者、実力ある人の指示を受けることも。大きな責任を負うほどに実力を発揮するでしょう。晩婚傾向もあります。	真面目で研究熱心。十分な実力があっても、不運さから発展が阻まれやすいかも。野心は強いものの不安になりがち。失敗を過度に恐れ、反対に無茶をして傷を負うことも。安定した状況で力を発揮します。

	コンジャンクション（0度）	ソフトアスペクト（120／60度）	ハードアスペクト（180／150／90度）
太陽☉と天王星♅	自分らしさを重要視する自由で独立精神に富んだ性質。ルールに従うことを嫌い、日常に刺激を求めるタイプ。人生は波瀾万丈な人生傾向ですが、独創的な発想で危機を逃れます。恋にも刺激を求めがち。	既存の概念に縛られない発想を持ち、そのユニークさから周囲の支持を得て社会に新しい風をもたらす人。革新的なリーダータイプ。専門性の高い職業で成功の可能性も。変化を読み取る才能あり。	周囲と同じであることを嫌い、新しい生き方を目指す人。ただ反抗的になりやすいため、組織には向かず人とも衝突しがちに。過度な頑固さ、傲慢さには注意。自分の才能を自分でつぶさないように。
太陽☉と海王星♆	直感が鋭く夢見がち。芸術や精神世界などに関心が深く、その分野で成功する場合も。しかし、現実的な感覚に乏しく周囲の状況に影響されやすい危なっかしさがあります。生活環境や人間関係はきちんと選んで。	感受性豊かで、周囲や社会の求めるものを敏感に感じ取る能力が高い人。人々の夢を体現する立場で活躍する可能性があります。時代のスターになることも。同情心が厚く人に慕われやすいでしょう。	高い理想を抱くものの、努力や現実的な思考は苦手なタイプで、表面的なものに惑わされがちに。無意識に人の影響を受けやすいので、付き合う相手は選んで。人に依存しやすい傾向もあります。
太陽☉と冥王星♇	強い自意識を持ち、自分を特別な存在だと感じやすい人。ずば抜けた集中力と信念、スタミナを持って目標を達成しますが、強引な行動、自己犠牲もいといません。人生が劇的に変わる経験をしがち。	強い自信とプライドによって自分の人生を切り開く人。宿命的な役割がある人に多い配置で、人のサポートを受けて願望を突如達成することも。人を導く指導者タイプ。失敗や挫折にも強いでしょう。	エネルギッシュで強い信念を持ち、全力で自分の求めるものを追う人。目的のためには手段を選ばない傾向が。自己顕示欲の強さから時に暴走、大きな犠牲を強いられます。我を適度に抑える必要も。

☽月のアスペクト

月はその人の感受性の象徴。月のアスペクトでは様々な局面での心の動きが現れます。肉体面での影響や生活習慣、幼少期の環境など、感情の背景にあるものも月の管轄です。男性にとっての妻、女性にとっての結婚後の自分もここです。

	コンジャンクション（0度）	ソフトアスペクト（120／60度）	ハードアスペクト（180／150／90度）
月☽と水星☿	鋭敏な感覚を持ち、物事の変化に敏感。その場の雰囲気を読み取ります。状況に応じた行動が得意で有能。気配り上手でコミュニケーション能力も非常に高く、語学に才能があります。	知的で親切、周囲の状況に的確に気を配ることができる人。言葉を的確に用いることができる才能あり。日常を快適に保つ能力に長け、家事全般も得意でしょう。健康的で感情的にも穏やか。	鋭敏で注意力があり、物事の些細な変化にも気付く人。その分神経質で気分屋な面があり、騒がしい状況下ではストレスを溜めがちかも。気温の変化や騒音などにも敏感なので、穏やかな環境は必須。
月☽と金星♀	感受性豊かで品のある人。美しいものへの鋭い感覚を持ち、愛されるタイプ。容姿に恵まれ異性に好かれるでしょう。生活を楽しむセンスに長け、周囲の人を楽しませる能力も。好環境に育ちやすい。	素直で温厚な性格。色彩感覚、味覚、音感などに優れ、趣味のよさを親から受け継ぐことも。自然体かつ人の気持ちを汲み取れるため、周囲からかわいがられ良縁にも恵まれやすいです。	鋭い感性を持つ反面、好き嫌いが激しくこだわりが強いタイプ。生活に華やかさを求め、おしゃれ上手で遊び好き。素直でさみしがり屋。人を惹きつける力があります。ストレスからの過食、浪費に注意。
月☽と火星♂	エネルギッシュで自立心が強く、一度思い込むと猪突猛進に行動する人。やりすぎや無計画さも目立つので、冷静さ・客観性が必要です。人に過度に干渉する傾向には要注意。結婚を急ぎがちかも。	タフな精神と大胆さを併せ持つ人。率直で飾り気がなく、人からも信頼されます。状況を自ら切り開く前向きなたくましさがあり、困難なときは何かと助けられるでしょう。楽な環境では本領を発揮できません。	衝動的にカッとなりやすい人。気難しく、ときに感情に任せて勢いで行動してしまうため、対人関係のトラブルも多いかも。ストレスによる浪費や過度な飲酒などには注意。甘えられない幼少期を過ごす傾向も。

	コンジャンクション（0度）	ソフトアスペクト（120／60度）	ハードアスペクト（180／150／90度）
月☽と木星♃	明るく楽天的なのんびり屋。豊かな環境や大家族で育つことが多く、苦労を知らない分、人にも寛大。対人関係も経済面でも恵まれたものを手にしやすいでしょう。パートナー運も良好な人です。	大らかで常識があり、積極的に人を手助けする奉仕精神旺盛な人。自身も友人関係に恵まれ、人から幸運をもらうことが多いでしょう。実務能力も高く、ビジネスセンスもあります。結婚、家庭運は良好。	あけっぴろげで裏表がありませんが、どこか詰めの甘さがある人。大きなものを夢見るものの、努力が伴わず周囲に迷惑をかけることも。安請け合いや無駄な浪費に注意。ノリで動きすぎないように。
月☽と土星♄	厳しい環境で育った人に多い配置で、自制心が強く注意深い性質。感情を素直に表現するのが苦手で、悲観的な気分を抱えがち。無駄を嫌い、任務には忠実でしょう。楽しむことに罪悪感を抱く面も。	冷静なしっかり者。真面目で計画性があり、コツコツ努力して成果を生み出します。物事を管理する才能あり。実用的なものを好み、無駄を嫌います。恋愛には消極的なものの成就後は安定しています。	心配性で悲観的に物事を見やすい人。真面目で自制心が強く、強迫的にルールを守ろうとします。自分に対し義務を課しすぎる傾向にあるので、リラックスできる環境を持ちましょう。一人の時間も大事です。
月☽と天王星♅	非凡を嫌い自分らしく生きたいと強く望む人。鋭い直感力を持ちますが、同時に緊張感が強く感情が不安定になりやすい面も。人と合わせることが苦手で、集団を嫌い独自の生き方を選択する傾向も。	人とは違う物の見方、発想力で世界を広げるユニークな人。感受性が鋭く、思いがけない方法で状況を切り開く力があります。人とのつながり方も上手かつ独特。デジタルに強く、引っ越し好き。	束縛を嫌い、人との距離感で悩むことの多い人。共感が苦手で、目立ちたがり屋の一面も。感情の振れ幅が激しく、それを隠さないため誤解されやすい人です。旅行や引っ越し、転職が多いでしょう。

	コンジャンクション（0度）	ソフトアスペクト（120／60度）	ハードアスペクト（180／150／90度）
月☽と海王星♆	感受性豊かで夢見がちな人。繊細で傷つきやすく、現実にうまく対処できないことも。芸術家など感性を生かしたジャンルでは才能を発揮。霊的感性に優れる場合も。環境に影響を受けやすいです。	情緒豊かで自分の中に独自の世界観を持つ人。インスピレーションにも優れ、感じ取ったものを的確に表現し周囲に感動を与えることも。芸術方面や心理関連、ヒーリングの才能も。不倫傾向あり。	デリケートでさみしがり屋な人。感受性が強く、周囲から無意識に多くを感じ取り、不安を抱えやすい。物事に対し過度な期待をしがちで、失望が多く恋愛や飲酒などで、現実逃避しやすい面も。
月☽と冥王星♀	思い込みが激しく、一度スイッチが入るととことんのめり込む凝り性タイプ。衝動的に動くため失敗が多いものの、へこたれません。感情面は激しく、好き嫌いも明確。強引ですがファイトがあります。	感情的な強さと高いプライドの持ち主。愛情が深く、親しい相手や身内には非常に献身的。愛情をもって人をコントロールする手腕もあります。自分自身も身内から援助され受け継ぐものが多い人でしょう。	人見知りが強く、感情面でも激しい性質。好きな相手は溺愛し、嫌いな相手には厳しい人なのでトラブルを招きがち。プライドも高いため、傷つけられると長年忘れられないかも。家族間の確執がありそう。

☿水星のアスペクト

水星はその人の知性の現れ方、興味の方向性、コミュニケーションの仕方の象徴。水星のアスペクトではどういう分野に才能があるか、才能はどう現れるか、どういう人とどういうかかわり方をするかを読み取ることができます。

	コンジャンクション（0度）	ソフトアスペクト（120／60度）	ハードアスペクト（180／150／90度）
☿水星と金星♀	バランス感覚に優れ、楽しく話し上手な人。自分自身を魅力的に見せるコツ、人を楽しませるコツを心得ています。芸術全般を好み、趣味的な要素のある仕事で成功しそう。実年齢より若く見えることも。	好奇心旺盛で陽気な人柄。人付き合いが上手で遊び心があり、人が集まる華やかな舞台で仕事上のチャンスを得て、成功するタイプでしょう。芸術的な感性とデザインのセンスには特に恵まれます。	※水星と金星は76度以上離れません。そのためここで扱うアスペクトは0度と60度のみです。
☿水星と火星♂	状況を瞬時に読み取り、即行動に移せるタイプ。挑戦心や決断力、どんな場面でもひるまず自分の意見が言える雄弁さがあります。何でも白黒つけたがったり、断定したがる傾向はやや問題ありかも。	頭の回転が速く向上心旺盛な人。何事も失敗を恐れず即行動に移し、確実な成果を出します。情報処理能力も高く、確実な作戦を立てるタイプ。話し上手で議論も得意。文筆的才能も豊かです。	対抗心が強く、競争意識から強い向上心を発揮する人。頭の回転が速く機転も利きますが、短絡的に物事を判断したり、自分に無理を課したりする面も。完璧主義で人のミスに厳しくなりがちかも。
☿水星と木星♃	視野が広く健康的な価値観の持ち主で、いわゆる博学な人。知識欲豊富なため、教育者や研究者の適性があります。良識があるため、人に対しても公正で誰とでもうまく付き合えるタイプでしょう。	向学心旺盛で温厚。自分の知識や経験を多くの人のために役立てようとします。周囲から援助を受け社会的な地位や名誉を得ることも。文学、医学、法律、教育など、知的で専門性の高い仕事に向きます。	人からの評価や目立つ成功を求める気持ちの強い人。要領がよく目立ちたがり屋ですが、時に大雑把すぎて精密な仕事には向かないタイプ。おだてられると弱く、スタンドプレーに走りやすいかも。

	コンジャンクション（0度）	ソフトアスペクト（120／60度）	ハードアスペクト（180／150／90度）
☿水星と土星♄	真面目で物事に対し慎重に取り組む人。一つのことにじっくり取り組むため、何事も時間がかかりますが、その分確実な知識や経験を身につけていきます。やや頑固で悲観的な傾向もあるタイプです。	理知的で向学心旺盛、正直な人。何事にも計画的で、約束はきちんと守り無駄のない行動を取るタイプ。責任感があり、周囲からは信頼されるでしょう。物事を管理する仕事、学問の探究などに向きます。	慎重で物事を悲観的に見がちな人。失敗を恐れる気持ちが強く、自分に自信を持ちにくい傾向。その分何事にも完璧を求め、努力を欠かしません。警戒心が強いため、柔軟な発想ができないことも。
☿水星と天王星♅	鋭い直感力とひらめきの力に恵まれた、冴えた頭脳の持ち主。既成概念にとらわれない発想力、革新的なものの考え方で周囲に強い影響を与えます。独自性のある生活スタイルを貫く、話好きな人でしょう。	自由で柔軟な発想を持ち、新しいものを生み出す才能に恵まれた「先見の明」がある人。物事を的確に認識し、自身の得意分野では秀でた存在になりそう。抜群の記憶力あり。人付き合いも巧みです。	奇想天外な発想力と独自性を持つ人。一風変わったスタイルで注目されやすく、自身も非凡な存在であることを望みます。才能豊かですがマニアックな傾向。集団で過ごすのは苦手でしょう。
☿水星と海王星♆	繊細で感受性豊か、想像力の強い人。人や状況の中で無意識に多くを感じ取る共感能力がありますが、その分影響を受け不安になりやすい面も。インスピレーションを芸術関連で生かせるでしょう。	想像力に秀で、自身の理想やイメージを創造的な形で発揮する才能に恵まれます。文章、映像、音楽など創作活動全般に向くタイプ。同情心が厚くボランティアなどにも熱心です。人の痛みがわかる人。	芸術的センスに優れたロマンチスト。想像力を生かした内容に向きますが、現実感覚に乏しいため堅実な活動がしにくい面も。軽い気持ちで嘘をつく、現実逃避をしがちなどのメンタル弱めな面も。
☿水星と冥王星♇	優れた洞察力と強い探求心を持つ人。抜群の集中力があり、これだと思ったものはとことん追求します。推理力にも長け、謎や問題の解明を成し遂げることもあります。集中しすぎた結果の過労には注意が必要です。	鋭い観察力、洞察力に恵まれた人。特に対人関係において相手の心情を見抜く力はピカイチで、状況を自分に有利に運ぶことが可能なやり手タイプ。必要な知識は驚異的な集中力で、短期間で成し遂げるでしょう。	強烈な知識欲、記憶力を持つ人。こだわりが強く何事も突き詰めようとしますが、やりすぎてストレスをため自分を追い込む傾向が。理解されないと思うと人を敵視しがちな面も。日常的にリラックスすることを心がけて。

♀金星のアスペクト

金星は愛情や美しさ、豊かさを象徴する天体です。金星のアスペクトはその人の恋愛傾向や愛情の示し方、愛情の受け取り方を表します。美意識や芸術的なセンスの有無、金銭面での裕福さの傾向を表すのも金星です。

	コンジャンクション（0度）	ソフトアスペクト（120／60度）	ハードアスペクト（180／150／90度）
♀金星と火星♂	早熟で性的な魅力をたたえた野性味のある人。恋愛至上主義で、恋すると一途にのめり込み、自身も情熱的に愛されることを求めます。恋愛的なチャンスに恵まれやすく、アイドル的に扱われることも。	気持ちが温かく愛情表現の豊かな人。恋愛を通じて感性が豊かになり、愛によって強くなれる一面も。恋愛対象からの人気も高く、助けられる経験も多いでしょう。社交、お金の運用にも才能ありです。	愛を求める思いが強く魅力的な人。ただし、「不特定多数に好かれたい」「危険な恋ほど燃える」など複雑な感情を抱きがちでトラブルが多いかも。分別が重要です。浪費家も多いので気を付けて。
♀金星と木星♃	善良で愛情豊かな人。人に対して寛大で分け隔てなく積極的にサポートするため、同じく支えてくれる人にも恵まれます。愛情、金銭ともに恵まれた人生を送りやすいタイプ。幸福な結婚をするでしょう。	上品で温厚な人柄。人に対し親切で相手の長所を見つけるのがうまいため、好感を持たれやすく、幅広い人から人気があります。愛情に関して幸福な経験をするタイプ。結婚運、金運ともに良好です。	愛されたい気持ちが強く見栄っ張りな傾向のある人。陽気で楽しいことを好み、モテますが浮気っぽいかも。誠実さに欠ける面があり、安定した関係が築きにくい傾向。贅沢好きで浪費傾向も強めでしょう。
♀金星と土星♄	素直な愛情表現が苦手な人。愛に対し懐疑的な考えを持ち、義務や責任を優先して自分の幸せを後回しにしがちな面も。誠実な人、年の離れた相手と縁あり。金銭面でもストイックで質素な生活を好みます。	愛に対する強い責任感、義務感を持つタイプ。誠実で変わらぬ愛を求め、相手の外見や甘い言葉には騙されません。尊敬できる人、年上の人に惹かれやすい。金銭面は堅実で結婚運は安定しています。	恋に臆病で行動できない、自分に自信が持てない、嫉妬心が強すぎるなど、恋愛においてのトラブルが多め。愛に対する責任感が強く、相手にも同じものを求めがち。打算的になりすぎないように。

	コンジャンクション（0度）	ソフトアスペクト（120／60度）	ハードアスペクト（180／150／90度）
♀金星と天王星♅	オリジナリティーに富んだ刺激的な魅力の持ち主。独特のセンスで人を惹きつけます。愛に関しても常識やモラルにとらわれない、エキセントリックで波瀾万丈な人。ナルシストで、金運には波があるかも。	互いに尊重し合う対等な関係を求める人。恋をきっかけに新たな可能性に目覚める経験が多そう。博愛主義で自由かつドラマチックな恋愛傾向。芸術関連に才能があり、突然の成功もあり得ます。	常に恋に強い刺激を求め、「自分とは異なる性質の人に惹かれる」「リスクのある恋にのめり込む」といった傾向がある人。その結果、トラブルに巻き込まれ人生が激変することも。お金もたまりにくい人でしょう。
♀金星と海王星♆	想像力豊かでロマンチスト。美しくて儚(はかな)いものに共感し、自分の痛みとして受け取ります。恋すると無意識に相手の影響を強く受け、翻弄されがち。音楽やダンスなどには強い適性あり。耽溺傾向。	献身的でやさしく、同情が愛に変わりやすい魅力的な人。情緒的&官能的な雰囲気があり、快楽に溺れがちです。芸術を感じ取る純粋な感受性があり、自分の経験を創作活動で表現しようとします。	恋愛を理想化する傾向のある人。結果的に現実に対し幻滅し、愛に対する飢餓感を抱えます。報われない相手に惹かれやすく、恋愛遍歴を重ねがち。恋愛以外の創造的な活動で活路を開きましょう。
♀金星と冥王星♇	強力な性的魅力を持ち多くの恋愛対象を惹きつける人。性的なパワーが人に及ぼす影響力を理解し、愛情を利用して野心を叶えようとするかも。カリスマオーラの芸能人、政治家などにも多い配置。	愛情を重要視し、貫こうとするこだわりが強い。生涯を通じて恋をし人生を好転させます。強い性的魅力にも恵まれ、権力のある人に惹かれやすいかも。抜きんでた芸術的な才能の持ち主。演技力もあり。	激しい愛情と性的な魅力、恋人に対する支配欲求を持つ人。一途で執着心も強く、愛のためなら手段を選びません。その分、相手にも犠牲を強いて、自分の思い通りにならないと愛情が憎悪に転じることも。

♂火星のアスペクト

火星はその人の本能的な生存欲求を表す天体。その人が何にエネルギーを注ぎ、時に戦ってでも勝ち取ろうとするかは火星の位置・アスペクトからわかります。性的な好みや欲求、トラブルの火種も火星が象徴しています。

	コンジャンクション（0度）	ソフトアスペクト（120／60度）	ハードアスペクト（180／150／90度）
♂火星と木星♃	強い冒険心を持った精力的な人。自信家ですが、実際にそれに値する前向きな行動力があり、大きなことを成し遂げるかも。やりたいことの多い人。何事もやりすぎ、頑張りすぎには注意しましょう。	前向きで積極的、勇敢さを持ち合わせた性質。大らかで人付き合いがよく周囲を元気にする能力があります。仕切るのもうまいので指導者向き。運動系、人を鼓舞する広告・出版ジャンルなどに適性あり。	目立ちたがりで、人から認められることを重んじる人。大胆な行動力がありますが、やや行動が無謀かつ独断的になりやすい面も。結果トラブルを生みがちに。熟慮、ルールを守る姿勢も大事です。
♂火星と土星♄	用心深く慎重な気質。感情や衝動的な行動を抑えようとする気持ちが強く、何かと守りに入りがちでしょう。無理をしたくないタイプ。問題に直面したときには粘り強く向き合い解決する力を秘めています。	確実な計画性と行動力を併せ持つ人。何事も用意周到に準備し、時間をかけて望みを達成します。長期戦、逆境にも強く、試練を乗り越えることに喜びを感じる面も。スタミナ抜群で老いを知りません。	自分で自分にブレーキをかけやすい人。裏には失敗を恐れる思いがあり、物事を途中でやめたり行動範囲を狭くしたりしがち。逆に過度な試練を自分に課し問題を招くことも。堅実に気楽にいきましょう。
♂火星と天王星♅	非常に強い自我と直感力を持ちます。緊張が強く興奮しやすいタイプ。独立心旺盛で、集団の中においても自分の欲求を隠すことができません。新しいものを生み出す発明的な才能に秀でています。	強い意志と革新的な創造力に恵まれた人。発想は大胆で常に新しい刺激を求め、既存のやり方にこだわらず独自の手法で道を切り開きます。未知の状況ほどファイトが湧くタイプ。安定と平凡は苦手。	退屈を嫌い、常に変化や刺激を求める人。目立ちたい、認められたいという情熱を持ちますが、何かと興奮しやすく自ら問題を引き起こすところがあります。些細なことにも反応する神経過敏な傾向も。

	コンジャンクション（0度）	ソフトアスペクト（120／60度）	ハードアスペクト（180／150／90度）
♂火星と海王星♆	豊かな想像力とひらめきを兼ね備えた人。独自の理想を持ち、思い込みが強い傾向。感激しやすく自分の興味のあることに夢中でのめりこみます。神秘的なジャンルに強く、独自の勘で勝つギャンブラー的一面も。	霊的な直感力に恵まれ、自分の信念を信じて突き進む人。ひらめきの力で困難な状況を変え、危険からも脱します。理想家で寛大な人柄。人にエネルギーを与えるタイプ。創作的な才能もあります。	高すぎる理想を描きがちな繊細な人。非現実的な夢を信じやすく、現実に適応しにくい面が。よく気が変わり、地道な努力が苦手。ストレスを飲酒や薬物などで発散しがち。付き合う人は選んで。
♂火星と冥王星♀	不屈の根性と体力を併せ持つパワフルな人。自意識が強く自信家で、敵とみなした相手は徹底的に追いつめます。困難をものともしないファイトがあり、勝負運も強力。性的にも精力的でサディスティックな傾向です。	超人的な体力と精神力の持ち主。野心的で自信家。一度決めたことは決してあきらめず、何度負けても繰り返し挑んで、望むものを手にします。正義感が強く、いったん味方にすれば非常に頼もしい人でしょう。	精力的で強い征服欲のある人。こだわりが強く、対立した相手には非常に攻撃的になるため、敵を増やしがちです。恋愛面では略奪傾向あり。裏切りは決して許さないタイプ。体の酷使しすぎに注意が必要です。

♃ 木星のアスペクト

木星は人生における発展や成功、拡大を象徴。木星のアスペクトは、どのジャンルにおいて恵まれ、自分を発展させていく可能性を持つかを表しています。自分を援護してくれる人、逆にやりすぎて問題になることもここに現れます。※1

	コンジャンクション（0度）	ソフトアスペクト（120／60度）	ハードアスペクト（180／150／90度）
♃木星と土星♄	社会に対する広い視野と強い責任感がある人。真面目で堅実な人生計画をし、努力によって認められ高い評価、名声を得やすいでしょう。時代を代表する存在になることもあるリーダータイプです。 ※グレートコンジャンクション※2	健全な思考、客観的な視点を持つ人。目的意識が明確で誠実、人を積極的に援助し信頼を得ます。社会の中で意義あることを行おうと考えるタイプ。実務能力にも長け、賢明な道筋を通って物事を成し遂げます。	理想家で社会的な成功を目指す人。野心を達成しやすいですが、ややお金や地位などの物質的な利益にこだわる面も。独創性に欠けるため、新しいことを生み出すのは苦手。頭が固くやや悲観的な気質。

	コンジャンクション（0度）	ソフトアスペクト（120／60度）	ハードアスペクト（180／150／90度）
♃木星と天王星♅	向上心が強く、新しい考え方、社会の変化に強い関心を抱く意識の高い人。科学や技術革新など、時代を先取りするジャンルに縁があり幸運をつかみます。幅広い人と積極的につながりたいと思うかも。	独立心が強く、新しいものを生み出す先見の明と偏見のなさを持ち合わせています。自分なりの人生観や哲学を持ち、学問への造詣も深い人。日常の中で思いがけない幸運に巡り会うことも多い人。	既成概念にとらわれない、新しい考え方、生き方を求める人。理想家ですがやや過激に傾きやすく、新しいものに即飛びついて失敗しやすい面も。過剰な反抗心、独善的な行動は失敗を招きがちに。
♃木星と海王星♆	理想的な社会への憧れが強い直感的な人。宗教や神秘的な物への関心が高く、芸術作品の中でそれを表現することも。お金や地位、名誉より精神的なものを重要視します。ボランティア精神も旺盛です。	豊かな精神世界を持ち、より幸福で人道的な社会を作りたいと願う人。理想家で情緒豊か。慈善事業や環境問題にも関心が高く、そういったジャンルで社会的名誉を得ることも。芸術的センスも優れています。	夢見がちで憧れを抱きやすい傾向のある人。優しく寛大ですが、同時にルーズなため、周囲からは信用されにくいかもしれません。詐欺や恋愛面のトラブルにご注意を。人柄のよさを生かすには注意深さが必要です。
♃木星と冥王星♇	社会を改革しようという意識を持つ人。努力家である種のカリスマ性があり、権力欲も強め。実際に財産や権力を得る可能性が高いでしょう。人を指導し導くリーダーシップも持ち合わせています。	広い視野と人道的な感覚を持ち、人を精神的に導く能力のある人。学問へも関心が高いですが、同時に政治的な実務能力にも優れ、社会的な成功を収めることも。財力、権力とも縁が深いでしょう。	強い金銭欲、権力欲を持ち、大きな財産を築くこともある人。欲望が過剰で抑えが利かないため、時に手段を選ばず不正に走り一気に財産や信用を失うこともあり得ます。道徳心を大事に。

※１　運行周期の遅い木星より遠い天体（土星、天王星、海王星、冥王星）が作るアスペクトは、基本的に世代に共通するものなので、個人としてよりは同世代に対する影響として読むのが一般的です。しかし、個人においてもこのアスペクトが太陽や月ともかかわっていたり、アセンダントの支配星だったりする場合は、一個人の人生に対しても強い影響をを及ぼしていると解釈するべきでしょう。

※２　約 20 年に一度起こる木星と土星の大接近のこと。時代の大きな節目とされます。

♄ 土星のアスペクト

土星は人生の中で経験する試練や制限を象徴。それらはすべて当人の成長を促すもので、「乗り越えるべき課題」として現れます。試練は時間的・物理的制限のほかに、試練を与える指導的存在、年長者として登場することも。

	コンジャンクション（0度）	ソフトアスペクト（120／60度）	ハードアスペクト（180／150／90度）
♄土星と天王星♅	深い探求心と苦難を耐え抜く精神力を持つ。干渉を嫌い、自分独自の計画に沿って物事を遂行します。才能豊かですが、生活スタイルも独自性を貫く変わり者タイプ。世代交代を作るアスペクトです。 ※ 45 年ごとに起こる配置です	真理をとことん追求する強靭な精神力と探究心の持ち主。革新的な発想で忍耐強く研究を続け、新たなスタンダードを生み出します。真面目で伝統を大事にするセンスあり。社会面でも重用されそう。 ※ 23 年ごとに起こる配置です	伝統的なものや既存の社会形態に対し、反抗的な姿勢を取りやすい人。古いものに関心が薄く、年長者ともあまりかかわらないタイプ。理想を重視し現実面を後回しにするため、評価されにくい面が。 ※ 45 年ごとに起こる配置です
♄土星と海王星♆	周囲や社会面での不安に影響を受けやすい人。状況に真面目に対処しようとしますが、迷いが多くコツコツ歩むことが難しいかも。大きすぎる夢を描きがちな面も。心のバランスを取っていきましょう。 ※ 35 年ごとに起こる配置です	大きな理想と、それを実現するための堅実さを併せ持つ人。知的で現実的なものの考え方をしますが、同時に想像力もありバランスが取れています。道徳観念や社会的な秩序を大切にするでしょう。 ※ 17 年ごとに起こる配置です	社会の中の混乱や不安定さを感じ、迷いを生じやすい人。懐疑的でコンプレックスを感じやすい一面もあります。犠牲を強いられる、経済的損失を受けるなどの傾向も。独立心、客観性が重要です。 ※ 35 年ごとに起こる配置です
♄土星と冥王星♇	強靭な精神力と忍耐力を持ち、どんな逆境も覆すファイトのある人。意志強固で打たれ強く実力以上の試練に飛び込みます。自制心と自分を鼓舞する力がカギに。大きな権力、成功を手にすることも。 ※周期は長いですが不定期です	求めるもののために妥協なく努力する不屈の人。無理をしがちですが、先を見通す洞察力に優れるため自滅しません。年齢とともに強さを増し、地位や名誉を手に入れます。権力者とも縁があるタイプ。	不安感から身を守ろうという気持ちが強く働き、過度に用心深くなりがちな人。保身のために権力や自分の利益を強く求め、人をないがしろにしやすい面も。極端な考え方は避け、人と助け合いましょう。

♅ 天王星のアスペクト

天王星は人生における突然の変化や改革、独自性の象徴。天王星のアスペクトは、その人が持つオリジナリティーや改革の意識が、どう周囲に対し作用するかを表します。事件、事故的な出来事も天王星が表す領域です。

	コンジャンクション（0度）	ソフトアスペクト（120／60度）	ハードアスペクト（180／150／90度）
♅天王星と海王星♆	卓越した直感力と霊的な感性を持つ人。過度のわがままさ、扱いにくさのある性質ですが、ひらめきの力は天才レベル。潜在的に超能力を保持し、感覚的に人や生き物すべてとつながれる存在かも。 ※ 171 年ごとに起こる配置です	高レベルの直感力を持つ想像力豊かな人。イメージをとらえる力に優れ、柔軟に多様な価値観を受け入れながら理想を目指します。人の内面を汲み取るのもうまく、精神的なジャンルで活躍するでしょう。	情緒不安定で人の意見や状況に流されやすい人。迷いが多くて落ち着かず、刹那的な考え方に陥りがちに。インスピレーションに優れますが、現実逃避願望も強め。内面を見つめる行動が重要です。 ※ 171 年ごとに起こる配置です
♅天王星と冥王星♇	古い物事を壊し新しく作り変える世代の人。変化を渇望する強いエネルギーがあり、目的のためには我慢強く戦います。創造性とともに何かに熱狂する激しさ、ある種の暴力性も顕著でしょう。	新しいものを創造するエネルギーが強く、大きな目的のために集団となって行動を起こすことができる世代の人。堅実さと計画性があり、変化を自然に受け入れられる精神的なタフさを持っています。	内側に無意識の破壊願望を抱え、既存のものを壊したいと感じている世代。過激な手法に訴えやすく、暴力的になりやすい面や事件に巻き込まれやすい面が。衝動的なため何事も長続きしにくいかも。

♆海王星のアスペクト

海王星は人の抱く理想や夢やイメージ、無意識など、目に見えない感覚的なものを象徴。海王星のアスペクトは感受性の強さ・鋭さや方向性、想像力の有無など、感性がもたらすものの人生の中での影響力を表しています。

※周期は長いですが不定期です

	コンジャンクション（0度）	ソフトアスペクト（120／60度）	ハードアスペクト（180／150／90度）
♆海王星と冥王星♇	物質的な欲望から解き放たれ、神秘的なエネルギーに対して特別な感覚を持ちます。霊的な力が純粋かつ強すぎて精神的なバランスを欠き、一般社会には適応が難しいかも。芸術家や創造的な職業向きです。	鋭敏な直感力を持ち、超自然的な力を理解し得る人。深い探求を通じて霊的な気付き、真理へと到達できる可能性を秘めますが、精神が鋭すぎて人としての心のバランスを取るのが困難かもしれません。	超自然的なジャンルに強い関心を持ち、それを活用&悪用する傾向のある人。アブノーマルなものに惹かれやすく、妄想や危険な趣味にのめり込みやすい面も。アルコールなどへの耽溺に注意。

♇冥王星のアスペクト

冥王星は各個人に対して世代を通じて無意識の中で強く働く力を象徴。冥王星のアスペクトは人生上の劇的な転機や有無を言わさぬ出来事、自身でもコントロールの利かない性質、行動傾向を表します。

※冥王星のアスペクトは各天体のアスペクトページを参照ください

まーさ先生のこぼれ話

マイナーアスペクトと特殊なアスペクト

主要6アスペクトを理解できたら、それ以外のアスペクトも意識してみましょう。比較的よく登場するものから珍しいものまで紹介します。

マイナーアスペクト

30度（セミセクスタイル・やや弱めの調和）、45度（セミスクエア・やや弱めの不調和）、135度（セスキコードレート・45度＋90度で困難と学びを示す）、72度（クインタイル・360度を5等分）など。
どのアスペクトも影響は弱めなので、主要アスペクトを理解してからで大丈夫です。

3つ以上の天体がかかわる特殊なアスペクト

主要なアスペクトが組み合わさり、3つ以上の天体で形成されるアスペクト。このアスペクトに加わる天体はホロスコープ内でより強い影響力を持ちます。どのホロスコープでも形成されるわけではないため、このアスペクトの持ち主は強い特徴を持つ個性的な人と解釈できます。

❶グランドトライン

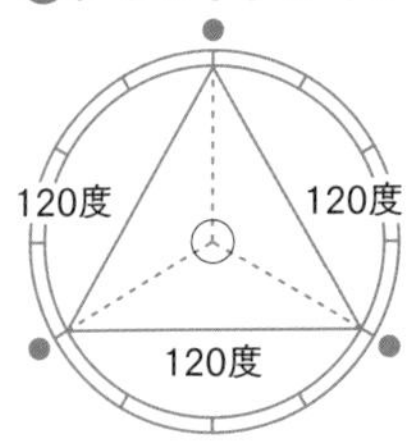

互いに120度（トライン）を取る3つの天体で正三角形を形成する配置。火、地、風、水の同エレメントの3星座に天体が入る場合が多い。別名「幸運の大三角」。人の協力や状況的な手助けを得やすいものの、現状に満足しがちで困難に向き合う挑戦心を発揮しにくい面も。恵まれた部分を自覚しつつ自ら切り開く意識があると、チャンスを生かせるでしょう。

❷Tスクエア

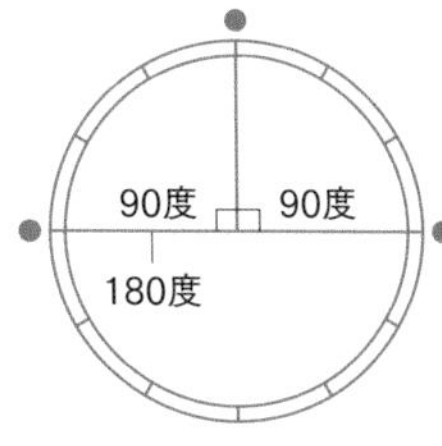

180度（オポジション）離れた2つの天体に対し、それぞれの90度に当たる場所に別の天体が位置することで形成される。3天体を結ぶとアルファベットのTに似ていることが名前の由来。葛藤を生む180度、90度の組み合わせで、試練的な配置。その中間に位置する天体が葛藤を解決するカギを握ると言われ、大きなエネルギーを生み出します。

❸グランドクロス

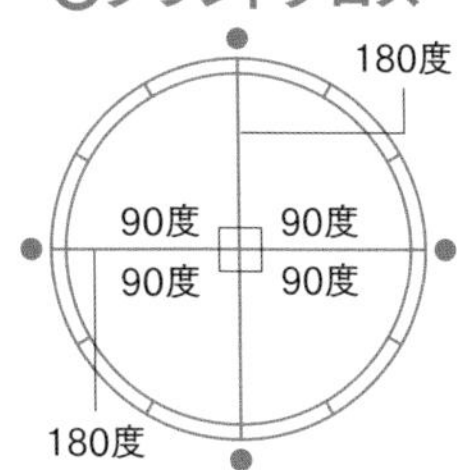

4天体がそれぞれ90度（スクエア）を形成し、十字架の形に位置する。多くの場合、三分類（活動宮、不動宮、柔軟宮）の各星座にすべて天体が入り、その共通する気質が一層強まる。運命に翻弄される傾向だが、努力次第では困難や試練に打ち勝つ強さも得られます。歴史上の有名人などに多い配置。

❹ヨッド

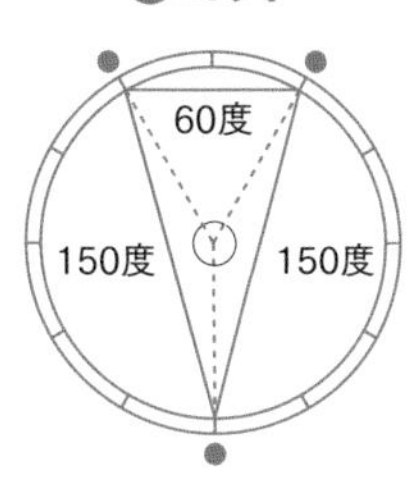

ある天体の両側150度（インコンジャンクト）に位置する天体がある状態。または、ある2天体が60度を形成しているとき、その両方から150度の位置に天体がある。別名「神の手」。「神の手に押さえつけられた」ように宿命的に義務付けられた人生があり、それに対するプレッシャーを感じやすいとされます。その状況を自覚し、運命上の使命に気付き行動することで、自分を生かす道筋を発見すると言われます。

❺カイト

3つの天体がグランドトラインを形成している状態で、その中の一つの天体に対し180度を取る天体がある配置。その4天体の形が凧（たこ）に似ていることが名前の由来。現状肯定型のグランドトラインに180度の天体が緊張感を与え、恵まれた状況に向上心、挑戦意欲をプラスします。才能豊かでも、その状況に甘んじないバランスの取れた個性を生む配置。

全くアスペクトしない天体の意味は？

アスペクトが複雑でいつも挫折していたのですが、読み解くときの順番や優先順位がわかったら、だいぶ理解しやすくなりました。

まずは**たくさんのホロスコープを読んで、感覚的に星座や天体、アスペクトの傾向などから、自分の中でその人のイメージを作り上げていきましょう**。ホロスコープのすべてがわからなくても、「この人はこんな人かな？」と人物像が浮かんでくるといいですね。

ざっくりでいいということ？

そうですね。ペンキ塗りに例えるなら、めちゃくちゃきれいじゃなくてもいいから、まずは全体を塗りましょうということ。一部だけきれいで完璧でも、他の面が全然塗れていない状態では意味がないですよね。ホロスコープも同じ。まずはざっくりでいいので、全体をまんべんなくつかむことを目指して。そんな感覚で取り組んでいけば、数をこなしていくうちに、ホロスコープを見て人物像が浮かぶようになりますよ。

わかりました！　それくらいの気持ちでやってみます。

ホロスコープを読み解くもう一つのコツは、**何を占いたいか、どんなことを知りたいか、それを具体的にすることですね。**

漠然と「恋愛運」ではなく、「恋人がほしい！　出会いのチャンスは？」までを明確にしてから自分で読むってことですね。

はい、そうです。そういえば、ホロスコープによっては、まったくどの天体ともアスペクトしない天体がある場合もありますよね。

そうなんです。私はどの天体も何かしらアスペクトしていますが、友人は太陽とアスペクトする天体が一つもなくて落ち込んでいました。それは、あまりよくないということなんですか？

アスペクトが存在していないことを「ノーアスペクト」と呼びます。そういう場合、がっかりする人が多いですが、その必要はありません。

そうなんですか？　例えば、太陽に影響をもたらす天体がない人は、孤独感というか……そんなイメージを抱きました。ノーアスペクトはどのような意味がありますか？

いろいろなケースがあり得ますが、**その天体のもともとの特徴がストレートに表れやすいかも。**反対に、他の天体から影響力をもらえない分、力を発揮しにくいという場合もあります。

なるほど。必ずしもアスペクトがないからマイナス、ということではないのですね。

ノーアスペクトを活用する方法もありますよ。例えば、太陽がノーアスペクトの人が恋愛運、結婚運、対人運などをよくしたいなら、**その人の太陽によい影響を及ぼす位置に天体を持っている人と、関係性を深めるといいですね。**

そうか。アスペクトがないからダメ、ということではなくて、他の人の天体の力を借りるんですね。

そういうことです。アスペクトを意識してみると、どんな人がその人の能力や魅力を引き出してくれるのかがわかってきますね。ところで、ほしみさんには、ちょっと苦手だなあと思う人はいませんか？

そうですね……実は、今お付き合いしている彼のおかあさんにいろいろと言われて、うるさいなあと思うことがちょっとあります。私の仕事が忙しすぎるんじゃないかとか、ご飯はちゃん食べているかとか……心配してくれているのはわかるのですが、彼と結婚しているわけではないし……。うまく言葉を返せなくて、会うのがちょっと憂鬱なんです。

もし生年月日がわかるなら、彼のおかあさんのホロスコープを出してみるといいですよ。ほしみさんとおかあさんの天体がハード・アスペクトの関係にあるのかも。アスペクトは人間関係のプラス面、マイナス面を表すので、ホロスコープを調べてみると、新たに気付けることがあるかもしれません。

なるほど、読み解き方の練習にもなるし、彼のおかあさんのホロスコープを出してみます！

もし、ほしみさんと彼のおかあさんが**ハードアスペクトの関係だったとしても、マイナス面だけを見るのではなく、ほしみさんが気付かなかったことをおかあさんが教えてくれている**。そう考えてみたら、プラスの刺激とも言えるのではないかな。

そうか、単純にソフトアスペクトだからいい関係、ハードアスペクトだから悪い関係とは言えないのですね。

いいことばかりをピックアップするのではなく、**嫌なこと、つらいこと、難しく感じることもプラスに進化させることができたら、占星術を勉強する意味もさらに深まるはずですよ。**

COLUMN 2

ASCの星座と身体的特徴

ASC（アセンダント）星座に影響を受けた身体的特徴を紹介します。
ASC 付近に天体がある場合はその天体の特徴も加わります。
「そういう印象を人に与える」雰囲気やムードととらえるとわかりやすいでしょう。

ASCの星座	身体的特徴
牡羊座	何もかもが濃い、押し出しの強い個性 引き締まって骨格がしっかりした印象。筋肉質で黒味の強い髪。濃い眉、赤い唇。目は鋭くてよく動く。実際の背よりも堂々と大きく見える。喜怒哀楽は明確でも、嫌味がない雰囲気。
牡牛座	穏やかな丸みと温厚さ、マイペースさ 柔らかさのある、おっとりした雰囲気。ややずんぐりしている。丸顔に丸みのある鼻。ぽっちゃりめの唇でやや幼く見える。やさしくてきれいな声。動きは丁寧だが遅い。よく食べ、ためこむ体質。
双子座	軽やかで癖がなく若々しい存在感 長い手足ですらりとした、やせ型。細長い顔。切れ長の目で知的な印象。きょろきょろし、どことなく落ち着かない。直毛のさらさらした髪。身軽なイメージだが持久力は弱め。実年齢より若く見える。
蟹座	温かみのある愛されそうな雰囲気 丸くて色白、ふんわりした雰囲気。目は大きくて丸く、鼻も丸い。目はやさしく愛嬌がある。髪は多め。手足は短くぽっちゃり型。胸は大きい。筋力は少なめで体力はあまりないイメージ。
獅子座	明るく派手で威圧感のある風格 人目を引く堂々とした容姿。骨格はたくましく頭も大きめ。背中が広く姿勢がいい。量が多くて癖のある髪。しっかりした目鼻立ちで目力あり。陽気で快活。存在感があり、派手なものが似合う。

ASCの星座	身体的特徴
乙女座	**涼やかで線が細く、隙のない印象** ほっそりした印象で背が高く、清潔感がある。頭部は大きく知的。目鼻立ちは小さめで静かな印象。軽やかできびきびしている。好感を持たれる容姿だが目立たない。やや神経質そう。
天秤座	**立ち振る舞いに華があり人目を引く** 上品で余裕のある雰囲気。卵型の顔に整った目鼻立ち。体のバランスはよく、何事もスマートに行う。好感度が高く流行りのものをうまく着こなせる。12 星座内では美男美女のポジション。
蠍座	**秘めたものをのぞき込みたくなる魅力** 彫りが深く意志の強そうな目。どことなく影がありセクシャルな魅力がある。体格はよくがっちりして実が詰まった雰囲気の体。体毛は濃く黒いくせ毛。実年齢よりも上に見える。濃い色味が似合う。
射手座	**存在そのものが豪快な健やかな人** 長身で手足が長く骨太。腰がしっかりしている。健康的で若々しく、行動は大雑把で野性味がある。陽気で表情豊か。明るく目は知的で、好奇心が強そうな印象。動作全般にあまり気を遣わない。
山羊座	**芯の強さやストイックさがにじみ出る** 細身でシャープな印象。全体に体が薄いが骨格はしっかりしている。目鼻立ちは小さく目立たない。首はすらりと長い。肌は白く血色が弱め。白髪になりやすい。厳格そうでシックなものが似合う。
水瓶座	**何を着ても自分流に着こなす強い個性** 賢くて意志の強そうな目。額やあごが目立つ輪郭。バランスのよい体で、性別や年齢に縛られない中性的、年齢不詳の雰囲気。斬新なものや個性的なものを着こなす。物おじしない話し方。
魚座	**ふわふわと丸い抱き枕的癒し感** うるんだ大きな目と厚めの唇。顔は丸く凹凸は少なめ。くせ毛が多く毛量は豊か。ふんわり眠たげな雰囲気。ぽっちゃりした体つきで手足は短め。皮膚は薄くてデリケート。ややふらふらした歩き方。

第 5 章

星よみドリル

最後の章では、あなた自身のホロスコープを読み解きます。まず事例を読み、同じような手順で書き込みながらじっくりと読み解きましょう。

うまく占うポイントが知りたい！

質問はできるだけ具体的に

まーさ先生、ホロスコープを読み解く練習をはじめているのですが、結果が漠然としか理解できなくて……。「なるほど！」と思える結果を得るためには、どうしたらいいんでしょうか？

まだ星を読むことに慣れていないからですよね。大丈夫、上手に占うためのポイントがあります。それは、**何を占いたいか、自分の中ではっきりさせてから占いをスタートさせることです。**はじめる前が大事なの。

占う前が大事！　それは意外でした。

占いたい内容は、**できるだけ具体的にすること。**これが大切です。

具体的にって難しいですね……。どんなやり方をすればいいですか？

自分が考えていること、感じていること、悩んでいることを、具体的に言語化してみるといいですね。

私、自分の考えを言葉にすることが苦手です。考えたり、悩んだり

していのるのに、うまく表現できないというか……。

大体みんな、そうですよ。そんな人には、考えたこと、感じたこと、**悩んでいることを「書いてみましょう」とアドバイスしています。**

紙に書いてみればいいんですか？　それだけ？

そうなんです、書くことが大事なの。どんなことでもいいから、頭の中にあることをどんどん書き出す。これを続けていくんです。

今日あった嫌な出来事とか、愚痴や不満でもいいんですか？

もちろんです！　それをどんどん書き出していくと、そのうちに、「私の悩みって、つまりこれ？」ということが見えてくるんです。同じことを繰り返し書くことも多いから、見直すと気付きますね。

なるほど、それを占星術の具体的な質問にするといいんですね！

疲れているんだなとか、仕事に飽きているんだなとか、○○さんのことが苦手なんだなというように、自分が書き出したことの要約みたいなものが見えてきます。

今の仕事に疲れたので転職したいけど、向いている仕事は何？　みたいな感じでもいいですか？

「向いている仕事は何ですか？」というところから、さらに具体的に掘り下げていくと、もっといいですね。例えば、自分の得意なことや不得意なこと、持っている資格、やってみたいこと、目指したい自分、そんなこともどんどん書き出してみるの。そうすると、「自分はこんなことができる」「次はこんな仕事がしてみたい」ということがより具体的に見えてくるのね。それを占星術の質問にするんです。

例えば、「事務の仕事は好きじゃない、でも料理が好き→こんな私には料理の仕事に向いている？」こんな質問の立て方ではどうですか？

そうそう、そういう感じです！　そうするとホロスコープ内のどこに注目すべきかがわかるから、「どんなチャンスが訪れるか」「料理の勉強をするにはどうすればいいか」「自分には何が必要か」というようなことが読み解けるんです。**具体的な質問に対して、具体的な結果が出せるようになって、占星術のスキルがアップする**、というわけですね。

質問の立て方がだいぶわかってきました！

実際に私がクライアントさんを鑑定するときも、何を占ってほしいかがはっきりしない人には、とにかくお話ししてもらうんです。ひと通り、話したいことを話してもらった後に、「それで、今日は何を聞きたいのですか？　例えば、20 文字くらいで言うと？」と質問します。

20 文字ですか！

あえて短い文字数を指定すると、本人が直感で要約してくれます。私のほうで「要約すると……こういうことですか？」と聞くこともあります。すると、クライアントさんは、「会社に苦手な人がいるんです」と具体的に答えてくれます。そこから、「なるほど、じゃあ、どうしたいの？」と聞くと、「縁を切りたいです。どうすればいいですか？」という具体的な質問がご本人の中から出てきますね。

なるほど！　自分の考えや悩みを言葉にするって、占星術の基本なんですね。

その通り！　わかってもらえてうれしいです。

読み解き方の練習も大切

占星術のスキルをアップさせるには、やっぱり練習あるのみですよ。

そうなんですか！　どんな練習ですか？

とにかく、**周りにいる人のホロスコープを集めて、読み解いてみることです。数ですね、数。**

自分以外にも身近にいて、性格やキャラクターがわかっている人のホロスコープを見るということですね。

その人の性格や考えを自分なりに読み解いたり、半年後、1年後の未来を占ったり……そういう練習ですね。自分の過去のホロスコープを出してみて、この頃は体調悪かったなとか、アクティブに動いていたなとか、どこにその要因があったのかを考えて、検証をしてみてもいいと思いますよ。

その練習はたくさんやってみたいです！　想像力も必要ですね。

そうですね。占星術のスキルをアップさせるには、想像力も不可欠です。いろいろな可能性を考えてみる必要がありますからね。

好きなタレントとかでも練習できそうですね。生年月日と出身地はだいたいわかりますし。

出生時間はなかなかわからないですね。でもかえって、そのタレントさんの**外見からアセンダントを探るという練習もできますね。**

アセンダントは外見を表しているからですね！　その練習はできそうです！

もう一つ、こんな練習方法もありますね。例えば、ほしみさんは美術館に行くことはありますか？

はい、美術館は好きです。

美術館で絵画を見たら、「この絵画は何座っぽいかな？」「この彫刻は天体で言うと何かな？」みたいに考えてみて。牡羊座っぽいなと思ったら、なぜそう思うのかも考えてみましょう。そして、その想像力から生み出した自分の結論を、しっかり記憶のファイルに留めておくの。

それは面白そうです！　いろんな絵画を見て、自分の考えや感じたことをストックするんですね。

音楽やファッションでもいいですよ。見たり聞いたりしたものに星座や天体のイメージを当てはめて考えてみて、ピンときたものを記憶しておく。そういうトレーニングを続けていくと、ホロスコープを読む際にも、一つの情報から連想できるイメージが増えて、より占いたい状況に適したものを選べるようになります。「来年はこういう星回りだから、こんな服が流行るかも」なんてことも、予想できるようになるんじゃないでしょうか。

流行る服もわかるんだ！　見事当たったらうれしいですね。やってみます。あとは、未来の運勢も占えるようになりたいです！

ホロスコープを読み解くスキルを磨けば、運のいい日などもみつけられるようになりますよ。
自分自身のホロスコープが読めるようになったら、右のページの方法も試してみてね。

「運のいい日」って、どうやって見つけるの？

現在経過中（もしくは占いたい年月日）のホロスコープ上に、自分の出生時の太陽とソフトアスペクトを取る天体があるときが「運のいい日」と言えます。幸運をもたらす天体は主に、太陽と金星と木星。それらの天体が自分の太陽と作る角度が60度、120度に近いほど運の力は強まります。「近づく」時は「離れる」時より強力ですが、前後数日は効力があると考えてよいでしょう（「運のいい日」はいろいろ考えられるので、あくまで一例です）。

ほしみさんの出生時のホロスコープ

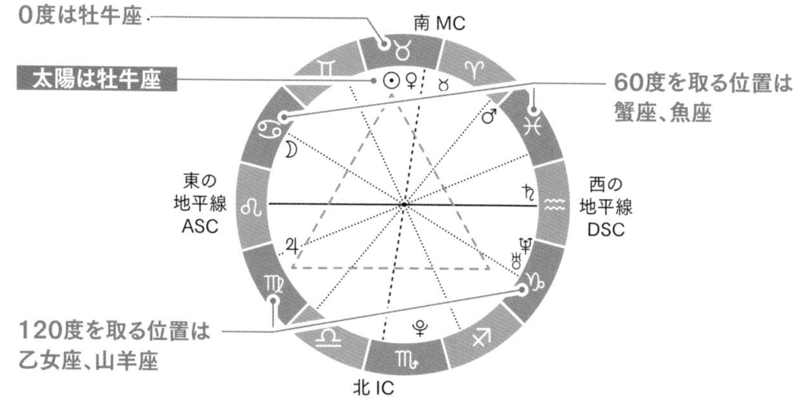

つまり、太陽、金星、木星が上記のソフトアスペクトの星座（乙女座、山羊座／蟹座、魚座）を通るころが幸運度の高い時期ということです。

運のいい日の見つけ方

太陽　動きに規則性があり、毎年ある程度予測することができる。各星座に太陽が移動する時期のホロスコープを作り、太陽が自分の出生図の太陽とアスペクトをとるのは何日ごろか確認。※太陽は1日1度移動

金星　たいてい太陽と一緒か前後の星座を運行（1日に1～2度進むが、逆行するときがあるので注意）。日々、ホロスコープで確認しておこう。

木星　1年で一星座を移動し、逆行もある。運行スピードがゆっくりなので、一度よい角度を取るとしばらく続く。「木星がこの星座にある間は、恋愛運が好調そう」のように運の状況がつかみやすい。

* LESSON 1 *

ホロスコープを読んでみよう

ここでは、一つ一つ丁寧に、順を追ってホロスコープを読み解いてみます。まずは、ほしみさんのホロスコープの読み解き方を解説しますので、その後に、自分自身のホロスコープを同じように読んでみましょう。

例）1992年5月7日　10時48分生まれのほしみさん

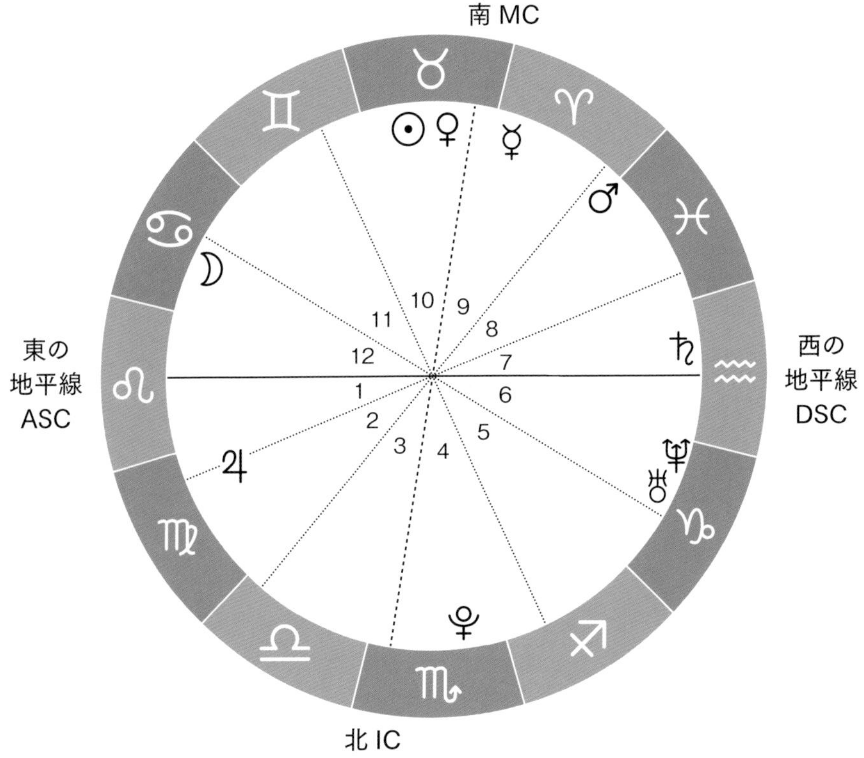

南 MC

東の地平線 ASC

西の地平線 DSC

北 IC

10 9 11 8 12 7 1 6 2 5 3 4

STEP 1 太陽☉と月☽で基本の性格を見てみよう

ホロスコープ内に天体は10個ありますが、まず個人の性格やものの考え方により影響の強い太陽、月、水星、金星、火星の5天体を一つずつ見ていきましょう。読んでいくと、「カッとなりやすい」と「慎重」など一見矛盾しているような特徴が出てくることもありますが、まずは、それぞれを「時にそういう面もあるのかも」と大まかに受け入れるのがコツです。

そもそも人間は、複雑で矛盾した部分を持っています。私たちが自分の性質を全部、理解しているとは限りません。無意識に出ている自分の個性を客観的に理解できるのは、占星術から学べる面白い部分でもあります。

Q. ほしみさんのホロスコープで、太陽☉と月☽は何座・何ハウスにある？

第2章の太陽（46 ～ 48 ページ）の牡牛座から、気になるキーワードを抜き出します。

▸ ほしみさんの太陽☉は 牡牛 座で

理想の生き方は

好きなもの、美しいものに囲まれ、自分の感性、センスを大事にして生きる　物事にじっくり取り組める環境に身を置く

第3章の10ハウス（111 ～ 113 ページ）の太陽から、気になるキーワードを抜き出します。

▸ その太陽☉は 10 ハウスにあるので

感性を生かし、自分のこだわりを生かす仕事、社会的な活動

で活躍する

第2章の月（49～51ページ）の蟹座から、気になるキーワードを抜き出します。

▶ ほしみさんの月☽は 蟹 座で

生まれ持った性格やプライベートで出る一面は

ロマンチストで身近な人を大事にする
愛情深い分、傷つきやすい。感情の揺れが激しい

第3章の12ハウス（117～119ページ）の月から、気になるキーワードを抜き出します。

▶ その月☽は 12 ハウスにあるので

感情や自分の思いは内に秘めるタイプ。独特のオーラがあり繊細

な面がある

一人の人の個性は、パズルのピースを組み込むように1個ずつ足していくと考えると理解しやすいです。例えば、「太陽と月とそれぞれのハウス、2つの要素からわかる、ほしみさんはどんな人？」を考えてみると……下のような人物像が浮かびますね。

太陽☉と月☽から読み解ける人物像をまとめましょう

・感性やセンスが鋭く、それを仕事に生かせそう

・仕事をするときは自分のペースでじっくり取り組みたいタイプ

・プライベートなことはあまり人に言わないかも

・親しい人には感情的な部分も見せそう＆愛情深いイメージ

Q. 太陽星座と月星座はどんな位置関係(アスペクト)にある?

太陽と月は、その人の性質を読み解く中でも中心的な役割を果たす2天体です。だからこそ、太陽星座と月星座がどういう関係にあるか(共通点は多いのか少ないのか、相性がいいのか悪いのかなど)を、まずざっくりと把握するのはとても重要なこと。それを示すのが、太陽と月のアスペクトです(第4章参照)。ほしみさんのホロスコープでは、太陽と月のアスペクトは60度(セクスタイル)。128ページの表で、太陽と月のソフトアスペクト(60度)の文章を読んでみましょう。

ほしみのぎもん

太陽と月のアスペクトがホロスコープを見ても何度かわかりにくいときは?

ほしみさんの例では、太陽星座は牡牛座、月星座は蟹座なので60度。60度は友好的なアスペクトなので、太陽と月の相性は良好。協力し合いやすく、矛盾の少ない同士と言えます(80ページ参照)。度数が出てくると複雑でよくわからない時は、例えば以下のように、それぞれの星座だけに注目してみましょう。

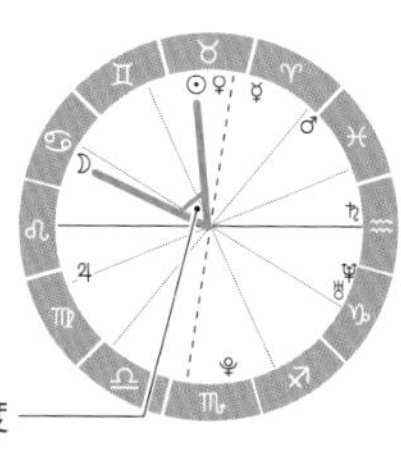

太陽と月が同じ星座にある	0度(コンジャンクション)
太陽と月が「活動宮・不動宮・柔軟宮の三分類」(39ページ参照)で同グループにある	90度(スクエア)
太陽と月が「火、地、風、水の四分類」(39ページ参照)にある	120度(トライン)
太陽と月の星座が隣同士か、太陽の星座の正面の星座の隣が月のある星座	30度(セミセクスタイル) 150度(インコンジャンクト)
太陽と月がどちらも「男性星座・女性星座の二分類」(38ページ参照)にある場合	60度(セクスタイル)
太陽の星座の正面に月の星座がある	180度(オポジション)

「ほしみさんの内に秘めた感受性、きめ細かい感情でキャッチしたものや経験が、仕事上での豊かな感性となって、開花する可能性は高い」ということです。

STEP 2 次に、水星☿を見てみよう

Q. ほしみさんのホロスコープで、水星☿は何座・何ハウスにある？

第2章の水星（52～54ページ）の牡羊座から、気になるキーワードを抜き出します。

▶ほしみさんの水星☿は 牡羊 座で

ものの考え方、コミュニケーションの特徴は

物事の飲み込みが早く、直感的に思いつき瞬時に判断する
直接的な表現を好み、はっきり言う。回りくどい＆言葉を選ぶのは苦手

第3章の9ハウス（108～110ページ）の水星から、気になるキーワードを抜き出します。

▶その水星☿は 9 ハウスにあるので

哲学や心理など物事の深い部分に興味を持ちやすい
異文化に興味を持ちやすい、語学には才能があるかも

と考えられる

★これを、STEP1で浮かんだ人物像に追加してみましょう

太陽☉と月☽の性質から浮かぶ人物像

- 感性やセンスが鋭く、それを仕事に生かせそう
- 仕事をするときは自分のペースでじっくり取り組みたいタイプ
- プライベートなことはあまり人に言わないかも
- 親しい人には感情的な部分も見せそう＆愛情深いイメージ

＋

さらに水星☿の要素

- 物事の深い部分や異文化に興味を持ちやすい
- 判断が早くはっきり言う、言葉を選ぶのは苦手

太陽☉と月☽と水星☿から読み解ける人物像をまとめましょう

＝

- 感性豊かで、自分のセンスを生かした仕事に就くといい
- 感受性が強くプライベートな面はあまり周囲に見せなそうだが、好きな人は大事にする愛情深いタイプ
- 物事の判断は早く、いいと思えば直感的に飛び込む
- 言葉の使い方や表現ははっきりしている

性質の中で矛盾を感じたときは……？

水星の要素が加わった段階で、この人物像に矛盾&しっくりこないとを感じた人もいるかもしれません。ほしみさんの月星座は蟹座で 12 ハウス。感受性豊かで愛情深いですが、それを表に向かって上手に表現しにくい性質です。しかし、親しい相手、自分が心を許している相手にはとてもやさしいはず。その反面、親しくない人や初めての相手には素直に気持ちを出せなそうな印象です。うまく笑えなかったり、話せなかったりするかもしれません。

また、水星は牡羊座で９ハウス。面白いと思ったら一気に情熱的になり、深いことを突き詰めます。ここだけを見ると、とても元気でアクティブな人に思えます。同時に思考や言葉の使い方、態度も牡羊座的なので、勢いがあり、時にぶっきらぼう。正直な分、気遣いが足りないかもしれません。

つまり「ほしみさんはデリケートなあまり人見知りな傾向で、いろいろ言おうとしても、自分のやさしさや繊細さを上手に言葉で伝えるのが苦手な人。そんなつもりじゃないのに、ちょっときつい言い方をしたりしがちで、コミュニケーション面で不器用なところがありそう」と考えることができるでしょう。

そしてこういう人だからこそ、牡牛座太陽、10 ハウスのように、自分の感性を自分のペースでクオリティーの高いものを作り上げる（ある意味職人的で、器用さや対人スキルよりも、集中力や粘り強さのほうが生きる）には、周囲から信頼してもらえる状況が最も真価を発揮できる環境なのだとも読み取れます。

まーさ先生のこぼれ話

水星についてもっとよく知ろう

水星はその人のものの考え方、コミュニケーションのスタイル、興味の方向性や範囲などを表す知性と情報の天体です。例えば、「音楽が好き」という人でも、どの天体の影響を受けているかによって、「好き」の理由が変わってきます。

＊水星の管轄＊

「どういうジャンルの音楽、アーティストに興味を持ちやすいか」という個性

＊太陽（月の影響のことも）の管轄＊

「音楽が好き、音楽に強く惹かれて元気をもらえる！」という個性

＊金星の管轄（※金星に関しての詳細は後述）＊

「特定のアーティストに惹かれ、ファンになる♡」という個性

ただ水星は、この後に登場する金星とともに太陽と近い位置で常に移動する天体であるため、太陽・水星・金星は同じ星座である人も多いでしょう。その場合は違いを意識するのは少し難しくなります。逆に「太陽星座は内向的な性格だけれど、水星星座ははきはきとしている」という個性の場合、「一見おとなしそうだけれど、いざ意見を聞かれると簡潔に答える（必要以上には話さないだけ。もし太陽も水星もはきはきした星座だと、その性質は周囲にも伝わるし、自分からも積極的に話す）」みたいなことも起こります。

水星の性質はメッセージやメールなどにも顕著に現れます。例えば、「会えばやさしくフレンドリーな人が文面ではそっけなく用件だけ」、もしくは「会うと『私に興味ない？』と感じる相手が、文章では熱く人懐っこさを見せる」などはよくあること。それも、太陽星座（基本的なキャラクター）、ASC星座（第一印象や見た目の雰囲気）と、水星星座の個性の差が生み出すギャップです。

STEP 3 さらに金星♀と火星♂を見てみよう

Q. ほしみさんのホロスコープで、金星♀と火星♂は何座・何ハウスにある?

第2章の金星（55 ～ 57 ページ）の牡牛座から、気になるキーワードを抜き出します。

▶ほしみさんの金星♀は 牡牛 座で

好きなもの、惹かれるタイプや理想の恋は

美しいものを愛でたい芸術家肌。
一度好きになったものはずっと好き。穏やかな関係を好む

第3章の 10 ハウス（111 ～ 113 ページ）の金星から、気になるキーワードを抜き出します。

▶その金星♀は 10 ハウスにあるので

芸術、ファッション系が適職。華やかな職場で人気を得やすい

を楽しむ

第2章の火星（58 ～ 60 ページ）の牡羊座から、気になるキーワードを抜き出します。

▶ほしみさんの火星♂は 牡羊 座で

挑戦意欲を感じるジャンル＆惹かれる異性のタイプは

自分で新たに開拓する内容に意欲的で、特に人と争う場面に強そう。直球でアプローチしてくる、行動力のあるワイルドな人が好き

第3章の8ハウス（105 ～ 107 ページ）の火星から、気になるキーワードを抜き出します。

▶その火星♂は 8 ハウスにあるので

投資などお金に関する挑戦に興味を持ちがち。性的欲求は強めで独占欲も強い

な面がある

カスプの近くの天体と「5度前ルール」って何？

ほしみさんの例での火星は、8ハウスと9ハウスの境界（カスプ）の近くにあります。カスプの周辺にある天体は、カスプの5度前から次のハウスの影響を受けるという考え方があり、これを「5度前ルール」と呼びます。このルールに則って、この事例でも「火星が9ハウスにある場合」も検証してみましょう。

第3章の9ハウス（108～110ページ）の火星から、気になるキーワードを抜き出します。

▸ その火星♂は 9 ハウスにあるので

未知なるものに憧れ冒険心が強い。精神世界など深いテーマにも惹かれやすい

な面がある

このルールにもいろいろな見方がありますが、「両方の要素がある」「8ハウスの性質ではじまり、次第に9ハウスの性質に変わっていく、成長していく」などが、最も一般的な解釈のようです。いろいろなケースで見比べ、自分なりの読み方を見つけてみてください。

★ STEP1・2で浮かんだ人物像に追加してみましょう

太陽☉と月☽と水星☿の性質から浮かぶ人物像

・感性豊かで、自分のセンスを生かした仕事に適性あり

・感受性が強くプライベートな面はあまり周囲に見せなそうだが、好きな人は大事にする愛情深いタイプ

・物事の判断は早く、いいと思えば直感的に飛び込む。

・言葉の使い方や表現ははっきりしている

＋

さらに金星♀の要素

・自分のセンスを生かした仕事に就き、それを楽しみそう

・華やかな職場が合い、そこで人気を得やすい

・恋愛傾向は穏やかで長く続く関係を好むタイプ

さらに火星♂の要素

・そもそも挑戦欲が強く、金銭、その後より広い&深い領域に関心が移っていきそう

・惹かれるのはワイルドで情熱的なタイプ。独占欲も強いが、その限られた世界から、段々と活動領域を広げていきそうな人

次のページでSTEP 1～3までをまとめてみましょう。

太陽☉＋月☽＋水星☿＋金星♀＋火星♂からまとめると ほしみさんはこんな人！

・基本的には穏やかで感性豊か、感情もきめ細かくデリケートな人

太陽と月の特徴

・気持ちはやさしくいろいろなことを感じ取るが、

それを柔軟にいろいろな人に向かって表現するのは苦手

月と水星の特徴

・なぜなら、やさしく内向的であると同時に、

月の特徴 ※太陽も同じ傾向あり

競争心や挑戦心も強いため、

水星、火星の特徴

自分自身でも

その内側の矛盾を感じ、感情のコントロールが難しいのかも

月と水星・火星星座が 90 度のアスペクトだから。度数は離れているため、傾向はさほど強くない

・また、新しいことやチャレンジ精神を掻き立てる内容に

興味を持ちやすく、それに没頭する情熱もある

水星、火星の特徴

・おそらく自分のそういう面を理解し、

刺激してくれるようなタイプ（相手も挑戦心旺盛）に惹かれやすい

火星の特徴

・しかし、ほしみさん自身は**穏やかな恋を望んでいる**ため、

自分が本能的に惹かれる相手とは

うまく恋愛が成立しない傾向がありそう

金星の特徴
※太陽、月も同じ傾向あり

・ほしみさんが惹かれやすい、**挑戦心旺盛な人**は、

だいたい穏やかにじっとしてはいない性質。

つまり火星の牡羊座

これが**ほしみさんの恋愛観**と矛盾している。

金星の牡牛座

ほしみさん自身も自分の

素直な感情や愛情を、言葉で相手に伝えるのが苦手なタイプ。

好きになると余計に構えてしまう可能性がある

月、水星星座が90度のアスペクトだから
※互いに阻害し、コミュニケーションで素直になれない傾向がある

細かい部分に、私の解釈を少し足してわかりやすくしてみました。ですので、あなたの解釈がこの通りでなくてももちろん構いません。特に、一人の人の個性を見るとき、矛盾する性質を感じたら、**「その背景にはどういう理由や思いがあるか？」「こういう性質を持っていると、結果的にどんなことが起こるだろうか？」**をよく考え、時に想像&推理してみることも、解釈のヒントにつながるでしょう。

STEP 4 人生のテーマを各ハウスから見てみよう

最後にまとめとして、12のハウスをそれぞれに見てみましょう。第3章ハウスのページで、各ハウスにどの天体が入っているか、また、カスプにどの星座があるかを見ます。天体（第3章の各ハウスから読み取れるキーワード）と星座（第1章から読み取れるキーワード）をかけ合わせて解釈しています。

Q. ほしみさんのハウスからわかることは？

ハウス	このハウスにある天体	カスプ上の星座	その解釈（抜き出したキーワード）
1（自分自身、容姿、第一印象）	天体なし	獅子座	明るく堂々とした雰囲気、目立つタイプ
2（価値観、金銭感覚、資本力）	木星	乙女座	丁寧でこだわりのある仕事ぶりが評価され、収入につながる
3（知的好奇心、コミュニケーション）	天体なし	天秤座	社交的で人との付き合いから多くを学ぶ
4（暮らし、家庭）	冥王星	蠍座	家族関係や家庭は複雑でこだわりが強い
5（愛、娯楽、わくわくするもの）	天体なし	射手座	好奇心旺盛で積極的な恋愛観
6（仕事、健康）	天王星 海王星	山羊座	勤勉なハードワーカー。専門性や独自性の強い業務向き。感性豊かでフリーランス向き
7（パートナーシップ、結婚）	土星	水瓶座	晩婚傾向あり。年上で地位が高く個性的なパートナー
8（受け継ぐもの、性的嗜好）	天体なし	魚座	人に援助しやすい。霊的感性が豊か
9（のめり込むもの、国際感覚）	火星※ 水星	牡羊座	知的好奇心・挑戦心旺盛でのめり込みやすい ※5度前ルールにより9ハウスとして解釈
10（天職、社会との関わり方）	金星 太陽	牡牛座	人の期待を受けやすく目を引く。芸術的センスがある
11（友情、理想的な人との関わり方）	天体なし	双子座	学ぶことが多く豊富な友人関係
12（カルマ、潜在的にあるもの）	月	蟹座	繊細で傷つきやすい感性。同情心強め

▶ 1ハウスのASCは　獅子座

第一印象は　明るく堂々とした雰囲気　の人。

▶ 2ハウスは　木星

乙女座的な知的ジャンルで大きな収入を得やすいことを表す

この木星は10ハウスにある金星と120度のアスペクトを形成し、自分の感性、センスを生かした仕事がそのまま確実な収入につながることを指している（詳細は10ハウスの項目参照）。

▶ 3ハウスは　天体がない

天秤座のカスプから、周囲の人に対して人当たりがよさそう

▶ 4ハウスは　冥王星

生まれ育った環境や自分が作る家庭などが複雑で、同時に強く意識する部分でもある

この冥王星が太陽と180度のアスペクトを形成していることから、「家族の誰かや家業、家の習慣、地元に対し強く反発し、結果として、社会で懸命に頑張り成功するタイプ」とも解釈できる。

▶ 5ハウスは　天体がない

射手座のカスプから想像力豊かで、恋に対しても好奇心旺盛

▸ 6ハウスは　天王星と海王星

専門分野を極めて独自性を大事にできる仕事に向いている。カスプは山羊座なので会社員も向くが、「いつでも独立できるようなスキルを持った働き方」をしそう

ここは10ハウスの太陽と120度のアスペクトを形成するため、成功する確率は高く、独立することも会社内で出世することもありそう。

▸ 7ハウスは　土星

対人関係、結婚に対し慎重で、結果的に晩婚傾向にある。パートナーとしては年長者や地位のある人（土星の性質）、個性的で独立心の強いタイプ（水瓶座の性質）を選びそう。

ただこの土星は、9ハウスの水星と60度のアスペクトを取るため、「パートナーと話していると、話していて楽しく、元気や勇気が湧いてくる」という状況も垣間見える。

▸ 8ハウスは　天体がない

魚座のカスプからお金やセックスに対して執着心が薄いよう

▸ 9ハウスは　火星（※5度前ルールにより9ハウスとして解釈）と水星

好奇心旺盛で興味を持つと集中してのめり込むタイプである。学ぶことが好きで、知ることで元気をもらえる人

▸ 10ハウスは　金星と太陽

自分の感性や芸術的なセンスを仕事面で生かすことができ、それによって注目され、人の協力も多く得られる恵まれた仕事運。結果的に、確実な収入につながるようだが（2ハウスより）、カスプが牡牛座であることから、お金と同じく自分自身のこだわりも大事にする

▶11 ハウスは　天体がない

双子座のカスプから、人と付き合うことを楽しみ、そこから学ぶことが多い状況を表す

▶12 ハウスは　月

繊細な感受性と感情的な内気さがある。10ハウスの太陽と60度のアスペクトを形成することから、内的なインスピレーションや発揮しきれない感情を仕事の形で昇華する場合もありそう。「自分の思いを込めた作品（仮）」が多くの人に受け入れられるのかも

この月は6ハウスの天王星、海王星と180度のアスペクトを取るため、仕事などに熱心になりすぎて心に負担を抱え込む、気分の浮き沈みが激しいということもあり得る。時には仕事とプライベートを切り離し、十分な休養を取ることが必要。

まーさ先生のこぼれ話

ほしみさんの恋愛とパートナー像について疑問を持った人へ

169ページで見たように、ほしみさんの惹かれやすいタイプは牡羊座です。しかし、7ハウス・水瓶座で土星がここに位置することより、現実的に「土星的な年長者や地位のある人」、「水瓶座的な個性的で独立心の強い人」がパートナーとなりそうです。

これは、**自分の好きなタイプ＝理想のパートナーとは限らないことを示しています**。ホロスコープで見るパートナー像は、ほしみさんの好奇心を受け止めて伸ばす力のある知的な人です。しかし、それは女性として満たされる相手とは少し違っているようです。いろいろな人に出会う中で経験を積んでいくと、「人として尊敬でき、信頼できる人」が自分にとって居心地のよい相手と考えるようになるのかもしれません。ほしみさんは晩婚傾向ですし、場合によっては結婚を選択せず、このパートナー像は理解者である親友や仕事上の相棒となって、人生の中に現れることもあるでしょう。

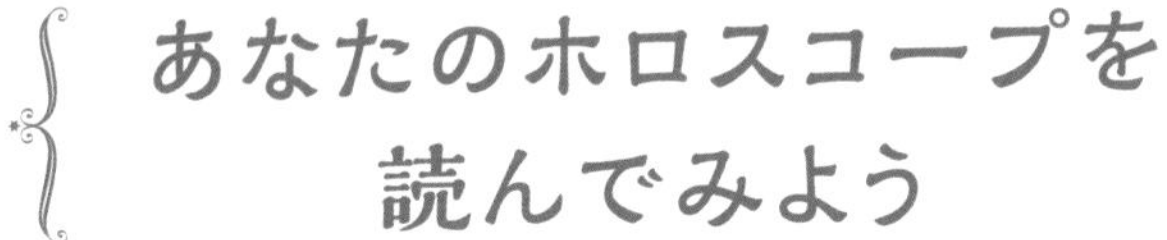

あなたのホロスコープを読んでみよう

それではさっそく、あなた自身のホロスコープを
ほしみさんと同じ手順で読み解いてみましょう。

STEP 1 太陽☉と月☽で基本の性格を見てみよう

Q. ホロスコープで、太陽☉と月☽は何座・何ハウスにある？

第2章の太陽ページの該当する星座から、気になるキーワードを抜き出します。

▸ 太陽☉は［　　　］座で

理想の生き方は

［　　　　　　　　　　　　　　　　　　　　］

第3章のハウスページの該当するハウスの太陽から、気になるキーワードを抜き出します。

▸ その太陽☉は［　　］ハウスにあるので

［　　　　　　　　　　　　　　　　　　　　］

で活躍する

第2章の月ページの該当する星座から、気になるキーワードを抜き出します。

▸ 月☽は［　　　］座で

生まれ持った性格やプライベートで出る一面は

［　　　　　　　　　　　　　　　　　　　　］

第3章のハウスページの該当するハウスの月から、気になるキーワードを抜き出します。

▶ その月☽は［　　］ハウスにあるので

［　　　　　　　　　　］

な面がある

太陽☉と月☽から読み解ける人物像をまとめましょう

Q. 太陽星座と月星座は どんな位置関係（アスペクト）にある？

第4章のアスペクトページの該当するアスペクトから、気になるキーワードを抜き出します。

▶ アスペクト［　　］

［　　　　　　　　　　］

STEP 2 次に、水星☿を見てみよう

Q. ホロスコープで、水星☿は何座・何ハウスにある？

第2章の水星ページの該当する星座から、気になるキーワードを抜き出します。

▶ 水星☿は [　　] 座で

ものの考え方、コミュニケーションの特徴は

[　　]

第3章のハウスページの該当するハウスの水星から、気になるキーワードを抜き出します。

▶ その水星☿は [　　] ハウスにあるので

[　　]

と考えられる

太陽☉と月☽と水星☿から読み解ける人物像をまとめましょう

STEP 3 さらに金星♀と火星♂を見てみよう

Q. ホロスコープで、金星♀と火星♂は何座・何ハウスにある？

第2章の金星ページの該当する星座から、気になるキーワードを抜き出します。

▶ 金星♀は [　　] 座で

好きなもの、惹かれるタイプや理想の恋は

第3章のハウスページの該当するハウスの金星から、気になるキーワードを抜き出します。

▶ その金星♀は ［　］ ハウスにあるので

［　］

を楽しむ

第2章の火星ページの該当する星座から、気になるキーワードを抜き出します。

▶ 火星♂は ［　］ 座で

挑戦意欲を感じるジャンル＆惹かれる異性のタイプは

［　］

第3章のハウスページの該当するハウスの火星から、気になるキーワードを抜き出します。

▶ その火星♂は ［　］ ハウスにあるので

［　］

な面がある

太陽☉＋月☽＋水星☿＋金星♀＋火星♂をまとめましょう

STEP 4 各ハウスを見てみよう

ハウス	このハウスにある天体	カスプ上の星座	その解釈（抜き出したキーワード）
1			
2			
3			
4			
5			
6			
7			
8			
9			
10			
11			
12			

各ハウスの内容を書き出してみましょう

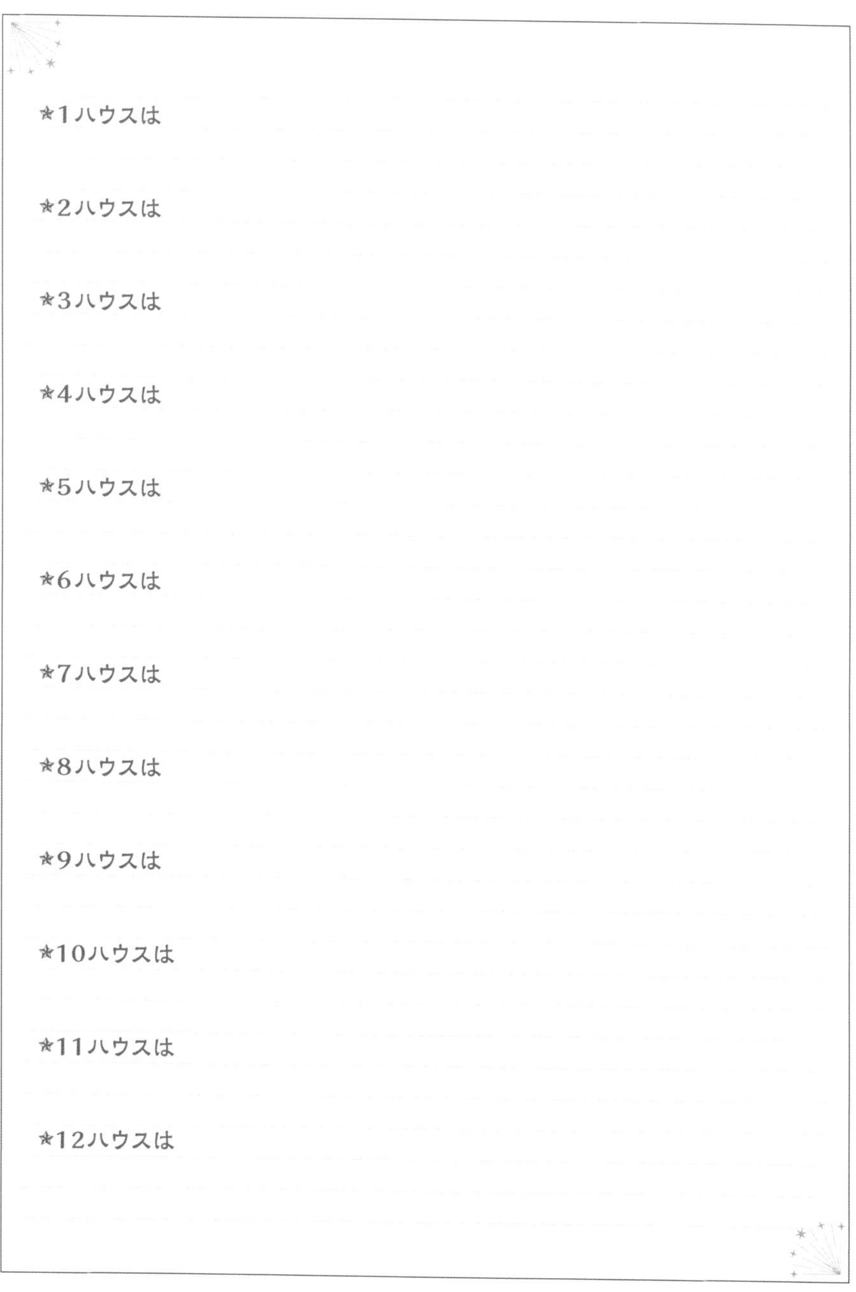

★1ハウスは

★2ハウスは

★3ハウスは

★4ハウスは

★5ハウスは

★6ハウスは

★7ハウスは

★8ハウスは

★9ハウスは

★10ハウスは

★11ハウスは

★12ハウスは

＊LESSON 2＊

占いたいテーマを読んでみよう

ここからは、自分の興味のあるテーマを読むための練習をしましょう。具体的な例を参照しながら同じ手順で自分自身でも読み解いてみてください。

STEP 1 各ハウスにある天体から仕事の運や傾向を読み解く

仕事の運と傾向は 10 ハウス、6ハウス、2ハウスで見ます

★確認する3ポイント

①各ハウスに天体があるか？（優先順位は下記の通り）

10 ハウス…その人の仕事への姿勢や価値観、職業上の到達点（天職）
6ハウス…適職や適した働き方
2ハウス…その人のお金の稼ぎ方

②どの天体があるか？

上記3ハウスに太陽、木星、土星がある場合は、「働くことを人生の重要事項ととらえている」と考えられます。それ以外の天体の場合は、その天体の性質＝働く際の傾向や仕事をする際に秀でている部分と読みましょう。

10 ハウスに太陽、木星、土星がある
→「状況にかかわらず、その仕事をやりたい」人。
仕事を通じて生きがい、自分らしさを発見しやすい。職種にこだわり、天職と呼べるものがある。

6ハウスに太陽、木星、土星がある
→「状況さえ整えば喜んでやりたい」人
仕事は重要視するが、働く環境や自分に合う働き方ができるかも大事にする。

2ハウスに太陽、木星、土星がある
→「それで稼げるなら頑張る」人
10、6ハウスに天体がなく、ここにある場合は「自分で働いて稼ぐ」ということを重視するタイプ。

③10、6、2ハウスに天体がない場合

「人生で仕事以外のことを重要視しているタイプ」。例えば、「趣味が生きがい」「生活できるだけ稼げればいい」など。その場合、太陽や水星（その人が重要視し、得意なジャンル）の星座が適職や得意なジャンルを表しています。

例）1996年9月4日　午前1時55分生まれ

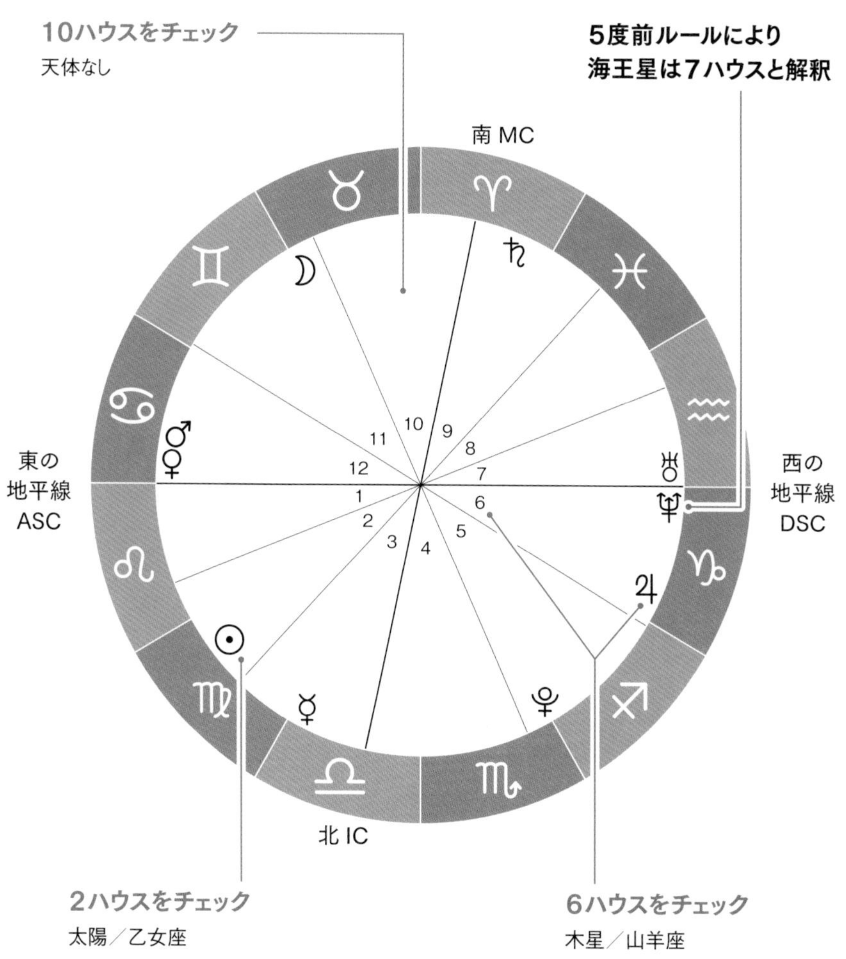

読み解き順1 ▶ 6ハウスに天体はあるか？

6ハウスに木星／山羊座

第3章の6ハウスの木星（100 ページ）からキーワードを抜き出します。

▶ 働くことを大事にし、楽しむ人。質のよい仕事にもよい仲間にも恵まれる。人望が厚く組織向き。

第1章の山羊座（35 ページ）からキーワードを抜き出します。

▶ 目的意識を持って働く野心家で、人を管理する立場に適性がある。

読み解き順2 ▶ 2ハウスに天体はあるか？

2ハウスに太陽／乙女座

第3章の2ハウスの太陽（87 ページ）からキーワードを抜き出します。

▶ お金への関心の高さが目立つ金運が強い人。自分でも稼げますが、周囲からの援助も得られます。

第1章の乙女座（31 ページ）からキーワードを抜き出します。

▶ 自分の持つ財産や価値あるものに対する管理、運用能力にも秀でる。

6ハウス、2ハウスが山羊座、乙女座で、ともに地星座であることから、堅実的かつ現実的な実務能力が高いこと、お金や具体的な地位を重視することもわかります。

まとめ

安定した稼げる環境を好み、まじめに働くタイプ。環境や仕事の内容にも恵まれやすい。堅実な業種の大きな会社に向く人かも。仕事内容に応じて確実に昇給する職種向き。会社員として出世するタイプ。

自分の仕事の運と傾向を読み解いてみよう

①各ハウスに天体があるか？

▶ 10 ハウスにある天体は［　　］／［　　］座

［　　　　　　　　］

▶ ６ハウスにある天体は［　　］／［　　］座

［　　　　　　　　］

▶ ２ハウスにある天体は［　　］／［　　］座

［　　　　　　　　］

②10ハウス、6ハウス、2ハウスに天体がない場合は

あなたは「人生で仕事以外のことを重要視しているタイプ」かもしれません。太陽や水星の星座を見てみましょう。その星座が適職や職業にしたときの得意なジャンルを表しています。

▶ 太陽は［　　］座にある［　　　　］

水星は［　　］座にある［　　　　］

⋆ まとめ ⋆

STEP 2

各ハウスにある天体から恋愛と結婚の運勢を読み解く

恋愛と結婚の運勢は5ハウス、7ハウスで見ます。また、どのような恋をするか、どんな相手に惹かれるかは金星、火星の星座とアスペクトで見ます。

★確認する4ポイント

①5ハウス、7ハウスに天体があるか?

5ハウス…本人の恋愛面での運や恋愛観
（恋愛の傾向、恋愛経験の豊富さも含む）
7ハウス…望むパートナー像、パートナーシップの形

②どの天体があるか?

太陽や月が入っている場合は特に重要です。太陽や月がある場合は「人生で恋愛を重要事として認識している」ということ。金星や木星が入っている場合も恋愛運や結婚運がいいと言えます（97 ページ、103 ページ参照）。

③5ハウス、7ハウスに天体がない場合

「人生で恋愛や結婚以外のことを重視しているタイプ」。それでも、恋愛して結婚したいと思っている人は、④の内容がより重要になります。

④金星と火星の星座とアスペクトは?

金星…女性の場合は「恋したときの愛情表現の仕方」。
男性の場合は「惹かれる異性のタイプ」（55 ページ参照）
火星…女性の場合は「惹かれる異性のタイプ」。
男性の場合は「恋したときの愛情表現の仕方」（58 ページ参照）

金星と火星のアスペクト

ソフトアスペクト（0 度、60 度、120 度）の場合は、自分の愛情表現が好きな相手に伝わりやすくスムーズであること、ハードアスペクト（90 度、150 度、180 度）であれば愛がかみ合いにくく、ギクシャクしやすいことを指します。

なぜ①と④、両方を確認？

両方の傾向を見ることで、自分の恋愛・結婚の運勢をよりつかみやすくなるからです。①でわかることは「その人が恋愛や結婚に対し、どのような考えや運を持っているか」。④は「実際にはどういう人に惹かれ、恋愛でどういう態度を取るか」。①の運がよい場合は「恋愛の機会が多い」「よい結婚生活に恵まれやすい」ということ。④は「好きな相手とうまくいきやすいか」を指します。

例）1983年9月20日　午前3時00分生まれ

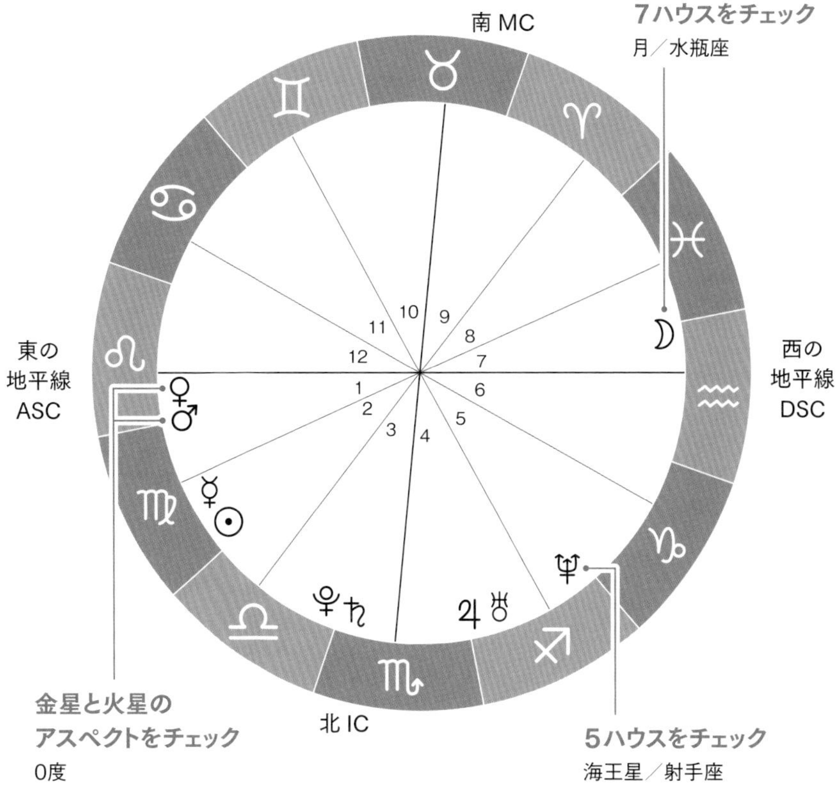

南 MC

7ハウスをチェック
月／水瓶座

東の地平線 ASC

西の地平線 DSC

金星と火星のアスペクトをチェック
0度

北 IC

5ハウスをチェック
海王星／射手座

読み解き順1 ▶ 5ハウス、7ハウスに天体があるか？

5ハウスに海王星／射手座

▶繊細で人を惹きつけるタイプ。恋愛面ではムード重視で相手に非現実的な理想を突きつける面がある。

7ハウスに月／水瓶座

▶一人でいるのが苦手。結婚願望が強く、相手に合わせることで愛されようとしがち。パートナー像は繊細で気遣いができる人気者。

この2点を見ると、この人は「繊細で恋愛や結婚にロマンチックさを求めそう」という印象ですが、それぞれのハウスは射手座、水瓶座で、どちらも自分で道を切り開きたい男性星座。ここから、求める「ロマンチックさ」とは受け身のものではなく、ワクワクする、挑戦心を掻き立てる冒険的なものと推測できます。

読み解き順2 ▶ 金星と火星の星座とアスペクトは？

金星／獅子座

▶本人は華やかでドラマチックなものを愛する人。恋愛でも華やかで人目を引く相手に惹かれがち。恋愛至上主義者傾向。

火星／獅子座

▶惹かれやすいタイプは情熱的でプライドが高く、自分を表現したいという思いの強い人。好きな人には甘く、反目する相手には厳しい。褒められると弱いが、自信を失うと回復するまでに時間がかかる。

金星と火星が0度で同じ星座同士なので、恋愛はスムーズに展開するでしょう。「人気のある彼から大勢の前で告白される」「記念日にはいつも大きな花束をもらう」など、華やかで派手な恋を夢見がちで、それが実現する可能性も高そうです。

まーさ先生のこぼれ話

読み解き順1・2から、さらに読み解くと……

事例の人は「繊細で、相手にもデリケートな気遣いを求める人」であると同時に、「ドラマチックで華やかな恋愛、恋人を求める」とわかります。

また、1ハウスに金星、火星があり、おそらく外見的にも魅力的で目立つタイプ（85 ページ）。恋や結婚のような特別な状況では、自分の繊細さを理解し、受け入れてくれる人を求めるでしょう（月／7ハウス）。恋人の人物像にややズレがあるため葛藤しそうですが、その内なる矛盾に気付くことが、特別な誰かと出会い結婚に至るための大事なステップなのです。

ただ、金星と海王星の 120 度は献身的でやさしい人柄を指すので（137 ページ）、この人は華やかであると同時に、情緒的な感性のある人と予想されます。一般的にモテるタイプなので、数々の恋を通じて本当に合う相手を理解できるのでは。

5ハウスの海王星と7ハウスの月は 60 度。感情表現が適確で（136 ページ）、恋愛からのスムーズな結婚を指します。「繊細な感受性を持ちつつ、華やかで人を惹きつける面がある人」（＝獅子座火星と7ハウスの月の総合）が、理想的なパートナー像と言えるでしょう。

自分の恋愛・結婚の運勢を読み解いてみよう

①5ハウス、7ハウスに天体があるか？

- 5 ハウスにある天体は ＿＿＿ ／ ＿＿＿ 座
- 7 ハウスにある天体は ＿＿＿ ／ ＿＿＿ 座

②5ハウス、7ハウスに天体がない場合

あなたは「人生で恋愛や結婚以外のことを重視しているタイプ」かもしれません。それでも、恋愛して結婚したいと思っている人は、③の内容がより重要になります。

③金星と火星の星座とアスペクトは？

- 金星 ＿＿＿ 座　火星 ＿＿＿ 座

アスペクトは ＿＿＿

STEP 3 自分の適性を知る

次に、「自分の適性」を読み解きます。ここでは、適性を**「やっていて楽しく自分が成長している実感があるもの」「それをやることで評価され、収入にもつながるもの」「生活の中で無理なく自然にできるもの」**と幅広く定義して読み解きの例を紹介します。
適性は太陽や月の位置、他天体とのアスペクト、水星、金星、木星などの関係性で見ます。

例）1992年6月10日　午後7時02分生まれ

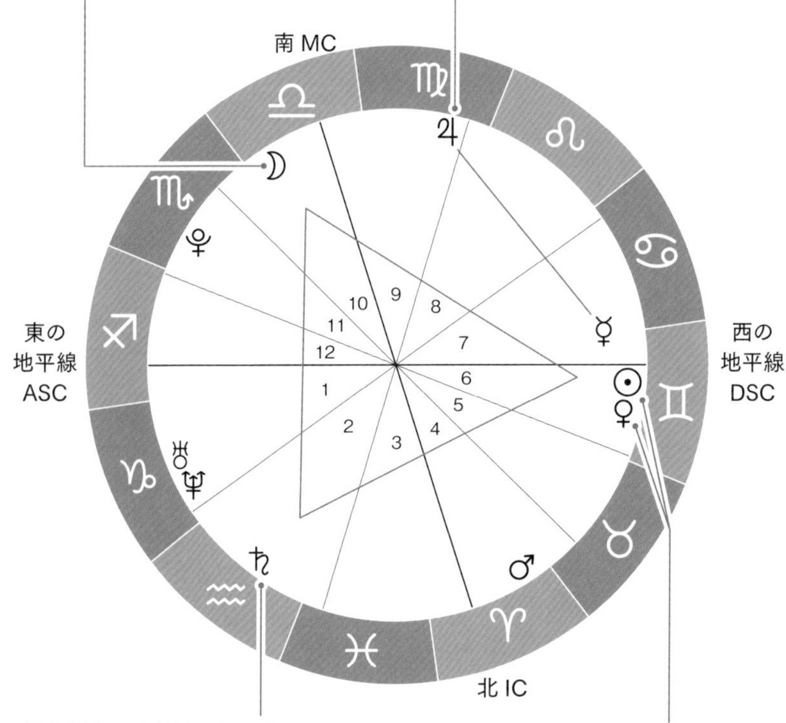

※144ページ参照

読み解き順1 ▸ 太陽をチェック

太陽は双子座／金星と約０度のアスペクト／6ハウス

▸ チャーミングで好感度高め。機転が利き、サポートすることに向く。

太陽と金星が０度。双子座にあり7ハウス寄りだから

6ハウスに位置するが、7ハウスにも近いので、

この傾向は公私ともに発揮される。

6ハウスは仕事で発揮される資質。7ハウスは一対一の位置の関係でより現れやすい資質。この両方に強い影響力がある

読み解き順2 ▸ 月をチェック

月は天秤座／10ハウス／太陽、金星と120度

▸ 人当たりがよく気遣い上手。

天秤座の月という点から

仕事面で発揮され、華やかで人をサポートする業務に向く。

10ハウスにある天秤座の月という点から

太陽、金星とのアスペクトもあり、特に仕事面では人気者。

120度は互いの良い性質を強調する位置

読み解き順3 ▸ 太陽金星、月とアスペクトする土星をチェック

水瓶座／2ハウス／太陽と金星、月とそれぞれ120度のグランドトライン

▸ 知的なジャンルや経験から学んだことが安定した財産となり、

仕事や収入源にもつながるタイプ。

水瓶座／土星／2ハウスという点から

将来的に、人とたくさん接して見知ったことを書くことで、

知識を人に技術として伝授する能力もありそう。

他天体とのアスペクトから

読み解き順4 ▸ 水星と木星をチェック

蟹座の水星（7ハウス）と乙女座の木星（9ハウス）は60度

▸ 人との関係から多くを学び感じ取ることができる。

蟹座／水星／7ハウスという点から

その経験を蓄積し、自分ならではの考え、哲学に昇華して生かせそう。

7ハウスの水星と9ハウスの木星が60度であることから

人間にかかわることを研究テーマにした学究系に進む適性あり。

乙女座／木星／9ハウスという点から

まとめ

公私ともに人と深くかかわる中で人生における大事なことを多く学びそうな人です。持ち前の社交性をそのまま生かせそうですが、経験を大切にし、自分の感じたことを普遍的な学びに変えていくことが必要でしょう。

自分の適性を読み解いてみよう

読み解き順1 ▸ 太陽をチェック

読み解き順2 ▸ 月をチェック

読み解き順3 ▸ 太陽や月とアスペクトする天体をチェック

読み解き順4 ▸ 水星、金星、木星をチェック

✦ LESSON 3 ✦

気になる人との相性を見てみよう

特定の二人のホロスコープから相性を読み解いてみましょう。それぞれの配置を見比べて読むので少し複雑になりますが、基本は同じ。「人としての相性の良さ」は関係性にかかわらず大事です。

自分と気になる人のホロスコープを並べて、アスペクトから相性を読み解く

相性は2つのホロスコープの太陽、月、水星、金星、火星のアスペクトで見ます

★相性を見る際にチェックする2ポイント

①互いの太陽と月のアスペクトをチェック

二人の関係性にかかわらず一番重要です。まずは互いの太陽と太陽、月と月。これに準じて、互いの太陽と月の組み合わせも確認します。

②恋愛や結婚を占うなら、互いの金星と火星もチェック

恋愛や結婚の相性を見る場合は、互いの金星と火星のアスペクトも重要です（金星同士、火星同士のほかに、女性の金星と男性の火星で見る）。

→

①②を踏まえた上で

あなたの太陽、月、水星、金星、火星が、相手の同天体とどういうアスペクトをとるか、一つ一つ確認しましょう。

それぞれのアスペクトからわかること

1.お互いの太陽同士、月同士、もしくは太陽と月にアスペクトがある

人間そのものとしての相性。友だちでも恋人でも仕事仲間でも、互いに気が合うと感じ、特別印象に残る存在かどうか。特別な縁がある相手は高確率でここにソフトアスペクトがあります。ここにだけアスペクトがあり、金星や火星の間にはアスペクトがない場合は、心の通った友人としてのつながりになりやすいです。

2.お互いの金星、火星、もしくは金星と火星にアスペクトがある

基本は「異性として惹かれるかどうか」。同性同士でも、相手を魅力的な存在だと感じるかどうかが現れます。ただし、ここにソフトアスペクトがあっても、太陽と月にアスペクトがない場合は、例えば「かわいいな、好みだな」と思っても、そこまで相手を特別視しない（付き合いたいとまでは思わない）ということもあります。

3.水星と水星のアスペクト

コミュニケーションの伝わりやすさを表します。

4.水星と他天体のアスペクト

その人の取るコミュニケーションをどう受け取るか（好ましい、賢そう、元気そう、わかりにくい、理屈っぽい、不愉快だなど）が現れます。

＼ほしみのぎもん／

相手の生まれた時間がわからないときは?

仮に出生時間を正午にして、ホロスコープを出してみましょう。このとき、月が星座のカスプ近くに現れた場合、別の月星座である可能性があります（少し時間がずれただけでも、別のハウスに移動してしまう位置のため）。その場合、月にかかわるアスペクトはいったん保留にして、他の部分を読み進めてみましょう。

例）Xさん（女性）　1986年2月18日　午後12時生まれ

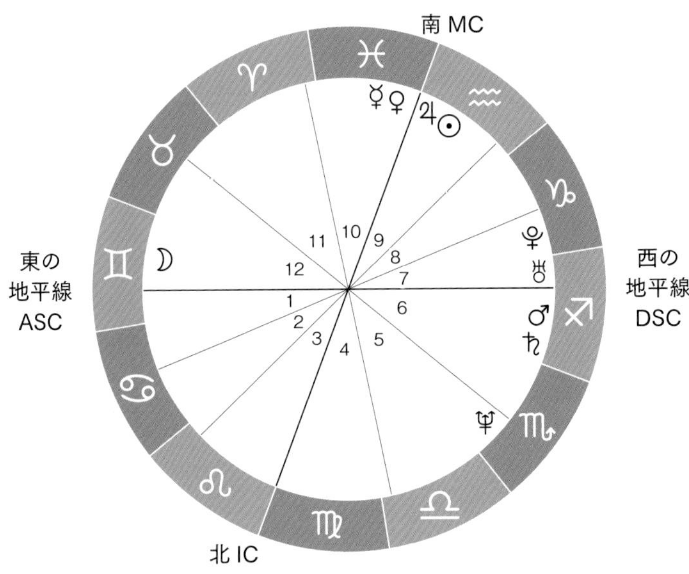

例）Yさん（Xさんが結婚を予定している男性）
1986年12月16日　午後12時生まれ

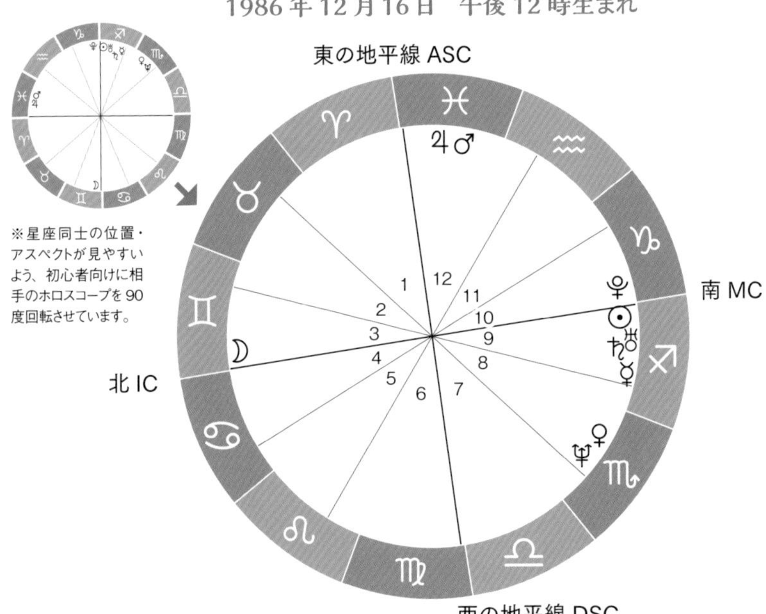

※星座同士の位置・アスペクトが見やすいよう、初心者向けに相手のホロスコープを90度回転させています。

読み解き順1 ▶

太陽、月はそれぞれ何座か？　自分の太陽と月は、相手の太陽、月とアスペクトを形成しているか？

※最初は星座だけでも大丈夫ですが、アスペクトを正確に形成するほど天体の影響は強まります。

▶ 太陽星座は水瓶座と射手座で60度のアスペクトを形成しているため、友好的な組み合わせである（126ページ参照）。月星座はどちらも双子座で0度のアスペクトを形成しているため、強調し合う強い組み合わせである（126ページ参照）。

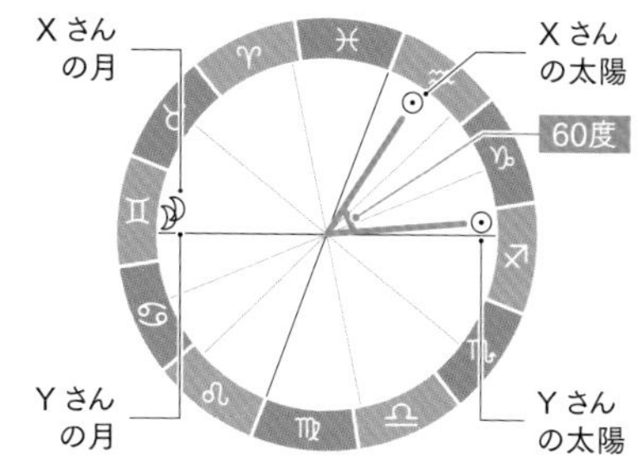

読み解き順2 ▶

互いの金星、火星はそれぞれ何座か？　自分の金星と火星は、相手の金星、火星とアスペクトを形成しているか？

▶ 金星星座は魚座と蠍座で120度のアスペクトを形成しているため、金星同士は良い面を引き出し合う、強い組み合わせと言える（126ページ参照）。火星星座は射手座と魚座で90度のアスペクトを形成しているため、火星同士は衝突し合う、緊張感のある組み合わせと言える（126ページ参照）。

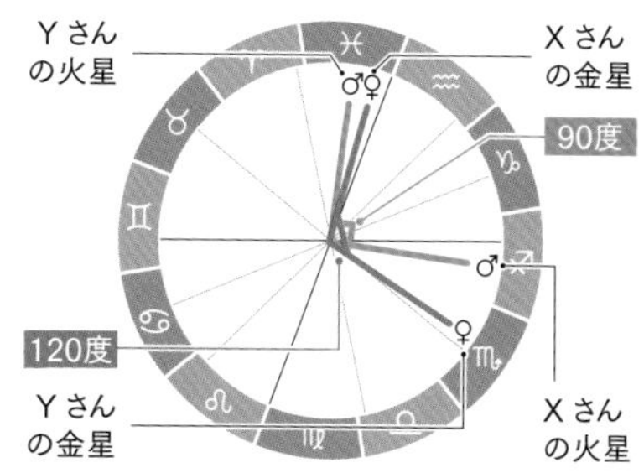

XさんとYさんは太陽同士、月同士の相性が非常によい関係にいます。特に、月星座が同じであるため、安心する状況や生活習慣のスタイルに共通点が多く、一緒にいて居心地のいい相手でしょう（49、131ページ「月」参照）。また、月は「妻」像を表すため、Xさんの日常的な姿は（月星座による）、Yさんから見た「妻のイメージ」にもかなり近いでしょう。XさんとYさんは金星星座も120度です。ここから「Xさんの愛情表現」と、「Yさんの惹かれる異性のタイプ」に共通点があるとわかります。Yさんから見てXさんは、自分が求めているものを持っている、理想に近い相手なのでしょう。しかし、火星星座は射手座と魚座で、緊張感のある組み合わせです。「Xさんの惹かれる異性のタイプ」と、「Yさんの愛情表現」には少しずれがあるようです。

読み解き順3 ▶

互いの水星はそれぞれ何度か？　アスペクトを取っているか？

▶ 水星星座は魚座と射手座で90度のため、衝突し合う緊張感のある組み合わせです（126ページ参照）。メッセージを送り合うなど言葉だけのコミュニケーションでは、すれ違いが増えるかもしれません。しかし、Xさんの水星（魚座）はYさんの火星（魚座）と非常に近く、Xさんが考え望むことをYさんは無意識に感じ取り、同じことを思って行動に起こすことも多そうです。会う機会さえ十分にあれば、大きな問題は起こらないでしょう。

まとめ

二重、三重に相性のよいアスペクトがあり、互いに惹かれ合う要素の多い関係です。パートナーとして理想的かも。月星座の一致は、一緒に暮らしやすい相手であることを指します。全体に男性星座が多く、太陽星座同士も60度で友好的なアスペクトであることから、表面的にはフレンドリーな印象の二人ですが、奥深いところで強く結びついているようです。

自分と気になる相手を読み解いてみよう

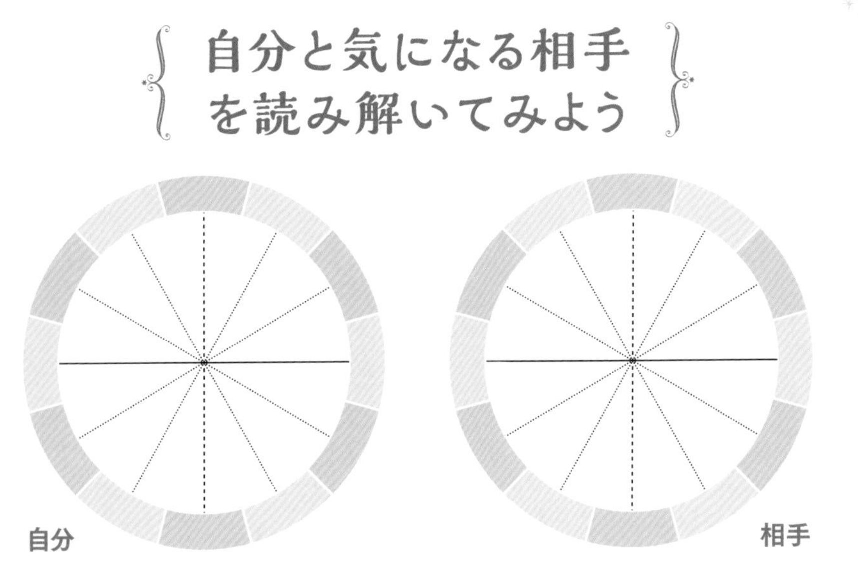

①太陽、月はそれぞれ何座か？　自分の太陽と月は、
相手の太陽、月とアスペクトを形成しているか？

②（恋愛・結婚相手としての相性を見たい場合）互いの金星、
火星はそれぞれ何座か？　自分の金星と火星は、
相手の金星、火星とアスペクトを形成しているか？

③互いの水星はそれぞれ何座か？
相手の太陽、月、水星、金星、火星とアスペクトを形成しているか？

* LESSON 4 *

来年の運勢を読み解いてみよう

来年（その年の誕生日から１年間）の運勢を、「ソーラーリターン図」から読み解く方法を紹介します。ソーラーリターン図とは、出生時の太陽と同じ位置に太陽が来る日時のホロスコープのことです。

天体の位置（太陽に対する月、水星、金星、火星の状態）から傾向を読み解く

太陽は出生時のホロスコープと同じ星座にあります（ソーラーリターン）が、その年によって周囲の天体の配置は変わっています。運勢を見たい年の天体同士の関係性を見てみましょう。

✴ 確認するポイント

以下の4天体が何ハウス／何座にあるか、太陽（それ以外の天体）とのアスペクトはあるか

1. 月　2. 水星　3. 金星　4. 火星

例）2025 年のほしみさんの運勢を表す「2025 年5月7日 午前 10 時 48 分」のホロスコープ

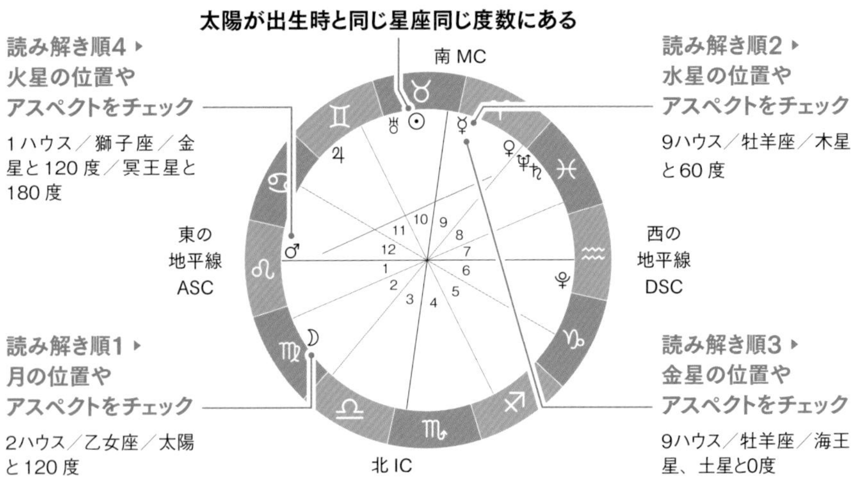

読み解き順1 ▶ 月の位置や太陽などとのアスペクトをチェック

月は2ハウス／乙女座 ▶ 10 ハウス／牡牛座の太陽と 120 度（トライン）

▶ 働くことが精神的な安定につながる時期。収入をきちんと管理する習慣を身につけるとよさそう。仕事と収入面は安定している。

読み解き順2 ▶ 水星の位置や太陽などとのアスペクトをチェック

水星は9ハウス／牡羊座 ▶ 11 ハウス／双子座の木星と 60 度

▶ 好奇心や学ぶ意欲は強そうなとき。積極的に何かを学ぶと、よい仲間や友人に恵まれるかも。

読み解き順3 ▶ 金星の位置や太陽などとのアスペクトをチェック

金星は9ハウス／牡羊座 ▶ 9ハウス／牡羊座の海王星と魚座の土星と0度（5度前ルールにより9ハウスと解釈）

▶ 物事を学ぶ環境や旅先で楽しい恋がはじまる可能性。恋人が外国人である場合もあり。語学や芸術、スピリチュアルなジャンルへの興味も強まるとき。熱中して学ぶことができそうで、客観的に人や物事を見る力も培えそう。

読み解き順4 ▶ 火星の位置や太陽などとのアスペクトをチェック

火星は1ハウス（5度前ルールにより1ハウスと解釈）／獅子座／牡羊座の金星と120度／水瓶座の冥王星と180度

▶ 挑戦心旺盛で、難しいことにも意欲的になれるときかも。自分から率先して動くことに向いている。金星と120度なことから、新たな恋や学びはじめることに対して真剣になれて、自分の成長などプラスの効果が得られそう。恋ならば激しいものになりそう。ただし、仕事にも妥協なく向き合るときなので、何に関しても真剣すぎて健康を損なう可能性もある。また、熱中しすぎると仕事にかかわる人たちと衝突しがちかも。自分のこだわりが強すぎるあまり、敵を作らないように。

⭑ 2025年のほしみさんの運勢まとめ ⭑

- 仕事運は安定していそう。収入をきちんと管理する習慣を身につけて
- 新しいことを学ぶ意欲にあふれるとき。何かに興味を持ったら積極的に挑戦を
- 学ぶことがきっかけとなって恋愛が生まれる可能性あり。旅行先など海外で出会いが発生することも。恋に進展した場合、情熱的になれそう
- 学ぶことを通じて、新しい友だちも増えやすい。知ったことを人と共有したり、人が集まる場所に出かけたりするのもよさそう
- 自分のやりたいことに熱中しやすいとき。でも度が過ぎると、特に仕事関係でトラブルになり得る。人との激しい衝突には注意が必要かも。頑張りすぎによる体調不良にも注意

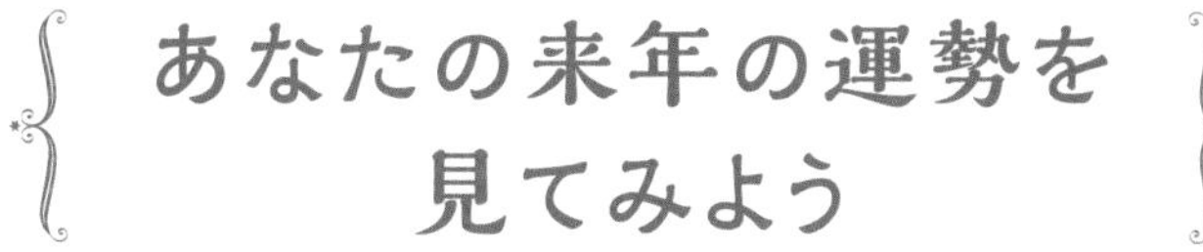

あなたの来年の運勢を見てみよう

天体の位置（太陽に対する月、水星、金星、火星の状態）から傾向を読み解く

以下の4天体が何ハウス／何座にいるか、太陽（それ以外の天体）とのアスペクトはあるか

- 1. 月 ＿＿ ハウス／ ＿＿ 座／アスペクト ＿＿
- 2. 水星 ＿＿ ハウス／ ＿＿ 座／アスペクト ＿＿
- 3. 金星 ＿＿ ハウス／ ＿＿ 座／アスペクト ＿＿
- 4. 火星 ＿＿ ハウス／ ＿＿ 座／アスペクト ＿＿

まとめ

占いの結果に納得できないときはどうすればいい？

まーさ先生、ここまでたくさんホロスコープを見て、たくさん勉強して、占星術のことがわかってきました！　でも……どうしても占いの結果に納得できないときがあるのです。

それは気になりますね。

自覚している性格と占いの結果にずれがあるなあと思ったり、矛盾しているなあと思ったり……。そういうときは、どんなとらえ方をすればいいですか？

確かに、そういうことってありますね。ほしみさんに覚えておいてほしいのは、**ホロスコープは今まで生きてきた中の自分だけでなく、まだ登場していない未来の自分も表している、ということです。**

私は今、30 代ですが、これから先の自分のこともホロスコープに現れているということですか？

そうなんですよ。

年齢を重ねて 40、50 代になった自分がどういう人間になっているかなんて、わからなくて当然ですものね。そうか、なんか納得できないなあと思うのは、まだ出会っていない自分がホロスコープに表れているからなんですね。

だから、納得できないな、矛盾しているなと思うところがあったら、そこは今後の課題としていったん置いておくのが正解かも。現在のほしみさんに知り得ないこともホロスコープに現れるので、矛盾を感じるのは当たり前。そこはあまり気にせずに、少し寝かせておきましょう。

そういう受け止め方でいいんですね。安心しました。

その時々で、今の自分がどう感じているかを大事にすることですね。**何十年かたって、いろいろな人生経験を積んで、社会的な立場も変わってきたりすると、「あの占星術の意味はこれだったのか！」とすんなり理解できるようになると思いますよ。**また勉強が進んでくれば、より幅広く自分に合った解釈ができるようになる可能性もありますね。まずはくり返しホロスコープを読み、必要なところを受け止めて日々の中で役立てる。そして気になることがある時や、そうでなくても1年に1回くらい、ホロスコープを読み解いてみる……。これを続けていくと、どこかのタイミングで新事実が見つかるかもしれません。

当たっているか当たっていないかをすぐに判断するのではなく、時間をおいて何度でも占ってみるといいんですね。

生きている中で大切な出会いや出来事を経験すると、人は成長し、自分自身に対しても詳しくなっていくでしょう。それもとても重要。自分でわかってはじめて、ピンとくるものです。それにそもそも**星から読み取るメッセージは大体、人間にとって簡単に読み解けるような小さなものではありませんから。**

人生をかけて理解していくレベルのものなんですね。

分厚い本を少しずつ読んでいくように、ちょっとずつ時間をかけて向き合う必要があるし、それくらいの時間をかける価値ももちろん、あります。私はそう思っていますよ。

より深く理解するために知っておきたい用語

本書では大きく取り上げませんでしたが、今後、理解を深める際に知っておきたい用語を集めました。勉強を進めながら段々と理解し、ホロスコープを解釈する際に加えていきましょう。

インターセプト

たいていホロスコープ上の各ハウスのカスプは 12 星座の一つずつに位置しています。しかし時々、一つの星座が丸々あるハウスの内側に入ってしまうことがあります。これをインターセプトと呼びます。インターセプトされたハウスは他のハウスに比べ、実際に影響力を発揮するまでに時間がかかると言われます。
インターセプトは 180 度対面でも起こるため、ホロスコープ内でインターセプトがあった場合、その対面のハウスもインターセプトになっているはずです。その対面同士の 2 ハウスのテーマが人生上でよりじっくり取り組むべきことであると解釈できるでしょう。インターセプトは、ある人とない人がいます。

カルミネート

ホロスコープ内で最も高い位置（つまり MC・南中点）に位置する天体のこと。そのホロスコープに対して強い影響力を持ちます。イメージとしては「どういう人生をよいと判断して、生きるか（人生上の方向性、モットー)」を、それぞれの天体が表しているという解釈が近いかもしれません。

ライジングスター

ASC（アセンダント）のカスプの前後５度以内に位置する天体のこと。そのホロスコープの持ち主の性質や運命に強い影響力を持ちます。複数の天体が位置している場合は、そのすべての影響力を考慮する必要があります。ライジングスターは、ある人とない人がいます。

マジョリティー

ある特定のハウスに多くの天体が集中している状態のこと。そのハウスはそのホロスコープ内で重要な意味を持っていることを指します。

ミューチュアル・レセプション

２つのハウスに入っている天体が、それぞれ相手側の支配星である状態のこと。この場合、この２つの天体とハウスは互いに強い影響を及ぼし合います（原因と結果、行動の動機とその後の行動など）。例えば、土星が天秤座に、金星が山羊座に入っている（天秤座の支配星は金星、山羊座の支配星は土星）という配置です。

オーブ（127 ページ参照）

天体同士のアスペクトを解釈する際に、度数に少し幅を持たせて読むこと。その許容度数をオーブといいます。0度、90 度、120 度、180 度ならオーブは６度までで、60 度と 150 度ならオーブは４度（太陽や月が絡んだアスペクトでは６度）です。例えば、90 度の場合は「84 度～ 96 度」はスクエアと判断します

５度前ルール（166 ページ参照）

カスプの手前５度以内に位置する天体は、次のハウスの影響を受ける（そちらのハウスに位置しているかのように）という解釈の仕方。166 ページの事例でもほしみさんの火星は８ハウスの最後のほうに位置しているため、このルールに従い、９ハウスにいるという読み方を付け加えました。

レベルアップしたら覚えたい用語
～天体とディグニティー～

天体はその位置している星座によって発揮する力、影響力が変化すると考えられ、この影響力の差をディグニティー（格式、品位）と呼びます。現代の占星術ではあまりこだわらない傾向にありますが、知っておくとよいでしょう。

天体は自身が守護星となる星座に入るとき、最もその天体×星座の長所を強く発揮するとされています。これは「自分にとって居心地のいい場所にいると、素直に本領を発揮できる」というようなイメージです。この状態を「盛（せい）」（ドミサイル）と言います。

反対に、守護星となる星座の対面にいる星座に位置しているときは、性質の中の弱点が強調されやすくなります。この状態を「敗（はい）」（デトリメント）と言います。

また、各天体には影響力がより強まる星座があります。これを「興（こう）」（エグザルテーション）といいます。またこの反対で、影響力が弱まる星座があります。これを「衰（すい）」（フォール）と言います。

盛に当たる位置に自分のホロスコープ内の天体が多くあれば、運自体も強力になります。逆に敗や衰の位置が多ければ、天体の発揮する力は弱めになります。

4つのディグニティー

盛	居心地がよく、よい面が出しやすい。落ち着いていて自分らしさが出るイメージ
敗	居心地が悪く、バランスを欠く。本領を発揮できないイメージ
興	調子がいい！と実感できるノリノリの状態
衰	調子が悪い状態。本来できるべきことがすんなりできない状態

12星座と10天体のディグニティー

	盛	敗	興	衰
☉太陽	獅子座	水瓶座	牡羊座	天秤座
☽月	蟹座	山羊座	牡牛座	蠍座
☿水星	双子座	射手座	乙女座	魚座
♀金星	牡牛座、天秤座	蠍座、牡羊座	魚座	乙女座
♂火星	牡羊座、蠍座	天秤座、牡牛座	山羊座	蟹座
♃木星	射手座、魚座	双子座、乙女座	蟹座	山羊座
♄土星	山羊座、水瓶座	蟹座、獅子座	天秤座	牡羊座
♅天王星	水瓶座	獅子座	蠍座	牡牛座
♆海王星	魚座	乙女座	水瓶座	獅子座
♇冥王星	蠍座	牡牛座	獅子座	水瓶座

アストロカウンセラーまーさ

西洋占星術とトランプとを融合させた独自のスタイルで人気。著書『アストロカウンセラー・まーさの12星座のおはなし』（メトロポリタンプレス）、『12星座　相性★虎の巻』（実業之日本社）も好評発売中。
https://ameblo.jp/astro-martha/

STAFF

デザイン　深澤祐樹（Q.design）
イラスト　芝 りさこ
校正　有限会社玄冬書林
編集協力　坂尾昌昭（株式会社 G.B.）、中尾祐子
執筆協力　高山玲子

参考文献

『いちばんやさしい西洋占星術入門』ルネ・ヴァン・ダール研究所著（ナツメ社）
『鏡リュウジの占星術の教科書Ⅰ』鏡リュウジ著（原書房）
『基礎からわかる西洋占星術の完全独習』ルネ・ヴァン・ダール研究所著（日本文芸社）
『最新占星術入門』松村潔著（学研）
『正統占星術入門』秋月さやか著（学研）
『占星学』ルル・ラブア著（実業之日本社）
『増補版　21世紀占星天文暦』ニール・F・マイケルセン著　青木良仁解説（魔女の家BOOKS）

一番（いちばん）わかりやすい
はじめての西洋占星術（せいようせんせいじゅつ）

2024年6月20日　第1刷発行

著　者　アストロカウンセラーまーさ
発行者　竹村　響
印刷所　図書印刷株式会社
製本所　図書印刷株式会社
発行所　株式会社 日本文芸社
〒100-0003　東京都千代田区一ツ橋 1-1-1
パレスサイドビル 8F

乱丁・落丁などの不良品、内容に関するお問い合わせは、
小社ウェブサイトお問い合わせフォームまでお願いいたします。
https://www.nihonbungeisha.co.jp/

Printed in Japan
112240611-112240611 Ⓝ 01（310101）
ISBN978-4-537-22215-9

（編集担当：和田）